やりきれるから自信が

✓ **1日1枚の勉強で, 学習習慣が定着!**

◎目標時間にあわせ, 無理のない量の問題数で構成されているので,
「1日1枚」やりきることができます。

◎解説が丁寧なので, まだ学校で習っていない内容でも勉強を進めることができます。

✓ **すべての学習の土台となる「基礎力」が身につく!**

◎スモールステップで構成され, 1冊の中でも繰り返し練習していくので,
確実に「基礎力」を身につけることができます。「基礎」が身につくことで,
発展的な内容に進むことができるのです。

◎教科書に沿っているので, 授業の進度に合わせて使うこともできます。

✓ **勉強管理アプリの活用で, 楽しく勉強できる!**

◎設定した勉強時間にアラームが鳴るので, 学習習慣がしっかりと身につきます。

◎時間や点数などを登録していくと, 成績がグラフ化されたり,
賞状をもらえたりするので, 達成感を得られます。

◎勉強をがんばると, キャラクターとコミュニケーションを
取ることができるので, 日々のモチベーションが上がります。

学研 毎日のドリルの 使い方

❶ 1日1枚, 集中して解きましょう。

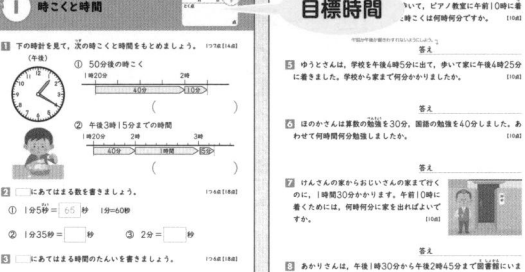
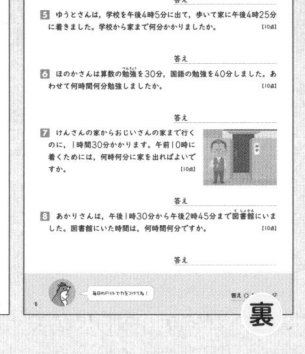

表　裏

◎1冊で, 主要教科の勉強ができます。
算数, 国語, 英語, 社会, 理科の順に並んでいます。もくじから, 勉強したい教科・内容を選んで進めましょう。

◎1回分は, 1枚（表と裏）です。
1枚ずつはがして使うこともできます。

◎目標時間を意識して解きましょう。
アプリのストップウォッチなどで, かかった時間を計るとよいです。

❷ 答え合わせをしましょう。

・本の最後に, 「答えとアドバイス」があります。

・答え合わせをして, 点数をつけましょう。

できなかった問題を解き直すと, より力がつくよ！

❸ アプリに得点を登録しましょう。

べんきょう がんばるっきゅ〜

・アプリに得点を登録すると, 成績がグラフ化されます。
・勉強すると, キャラクターが育ちます。

♪ 英語の音声再生アプリについて

英語では, 🔊マークのついた音声を聞いて答える問題があります。音声は, 専用アプリで再生することができます。

【アプリのご利用方法】
スマートフォン, またはタブレットPCから下記のURLにアクセスしてください。
https://gakken-ep.jp/extra/myotomo/

1 時こくと時間

1 下の時計を見て，次の時こくと時間をもとめましょう。　1つ7点【14点】

（午後）

① 50分後の時こく

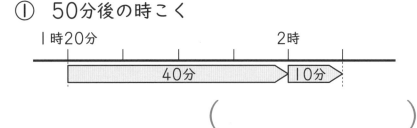

1時20分　　　　　　　　　　2時

40分　　10分

（　　　　　　　　　）

② 午後3時15分までの時間

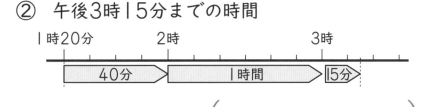

1時20分　　　　2時　　　　　　　3時

40分　　1時間　　15分

（　　　　　　　　　）

2 □にあてはまる数を書きましょう。　1つ6点【18点】

① 1分5秒 = | 65 | 秒　　1分=60秒

② 1分35秒 = [　　] 秒　　　③ 2分 = [　　] 秒

3 □にあてはまる時間のたんいを書きましょう。　1つ6点【18点】

① あくびを1回した時間 ………………………………… 4 [　]

② きのうの夜から今日の朝までねた時間 …………… 8 [　]

③ 算数のじゅぎょうの時間 ………………………… 45 [　]

4 のぞみさんは，家を出て15分歩いて，ピアノ教室に午前10時に着きました。のぞみさんが家を出た時こくは何時何分ですか。 【10点】

午前か午後か書きわすれないようにしよう。┐

答え _____

5 ゆうとさんは，学校を午後4時5分に出て，歩いて家に午後4時25分に着きました。学校から家まで何分かかりましたか。 【10点】

答え _____

6 ほのかさんは算数の勉強を30分，国語の勉強を40分しました。あわせて何時間何分勉強しましたか。 【10点】

答え _____

7 けんさんの家からおじいさんの家まで行くのに，1時間30分かかります。午前10時に着くためには，何時何分に家を出ればよいですか。 【10点】

答え _____

8 あかりさんは，午後1時30分から午後2時45分まで図書館にいました。図書館にいた時間は，何時間何分ですか。 【10点】

答え _____

毎日のドリルで力をつけてね！

答え ▶ 117ページ

算数

② たし算とひき算の筆算

1 計算をしましょう。

1つ3点【18点】

①
```
   3 4 8
 + 2 2 5
   5 7 3
```
↑
たてに同じ位どうしを
たす。

②
```
   5 8 3
 + 1 6 2
```

③
```
   3 2 7
 + 4 7 6
```

④
```
   7 3 4
 + 4 3 2
```

⑤
```
   6 3 0 4
 + 2 5 9 3
```

⑥
```
   3 2 5 8
 + 5 4 6 4
```

2 計算をしましょう。

1つ3点【18点】

①
```
   4 5 3
 - 2 2 4
```
↑
たてに同じ位どうしを
ひく。

②
```
   6 2 7
 - 3 8 5
```

③
```
   3 0 4
 - 1 2 8
```

④
```
   1 0 0 0
 -   5 2 4
```

⑤
```
   4 8 7 5
 - 1 3 5 7
```

⑥
```
   8 2 0 1
 - 7 5 8 4
```

3 計算をしましょう。

①
$$165 + 329$$

②
$$349 + 108$$

③
$$873 + 29$$

④
$$308 + 492$$

⑤
$$774 + 563$$

⑥
$$843 + 878$$

⑦
$$6879 + 2324$$

⑧
$$5619 + 1382$$

⑨
$$798 - 267$$

⑩
$$364 - 127$$

⑪
$$325 - 82$$

⑫
$$473 - 390$$

⑬
$$555 - 266$$

⑭
$$990 - 897$$

⑮
$$8921 - 2469$$

⑯
$$3743 - 1851$$

くり上がりやくり下がりに注意した？

計算力がついているよ！

答え ▶ 117ページ

3 たし算とひき算の 筆算の文章題

1 いちごをきのうは563こ，今日は358ことりました。きのうと今日であわせて何ことりましたか。

式5点，答え5点【10点】

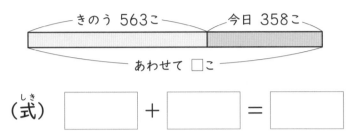

きのう 563こ　　今日 358こ

あわせて □こ

（式）□ ＋ □ ＝ □

答え＿＿＿＿＿＿＿

2 赤い風船が416こあります。白い風船は赤い風船より275こ多いそうです。白い風船は何こありますか。

式5点，答え5点【10点】

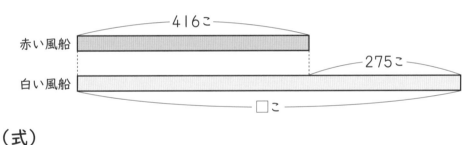

赤い風船　416こ

白い風船　275こ

□こ

（式）

答え＿＿＿＿＿＿＿

3 コピー用紙が850まいありました。学級文集を作るのに640まい使いました。コピー用紙はあと何まいありますか。

式5点，答え5点【10点】

850まい

使った 640まい　　のこり □まい

たし算とひき算の
どちらなのか，図を
かいて考えよう。

（式）□ － □ ＝ □

答え＿＿＿＿＿＿＿

4 きのう，えい画館に来た大人は463人で，子どもは523人でした。全部で何人来ましたか。

式7点，答え7点【14点】

（式）

答え _____

5 図書室の本が，右のたなに578さつ，左のたなに643さつあります。あわせて何さつの本がありますか。

式7点，答え7点【14点】

（式）

答え _____

6 3585円のシャツがあります。ズボンは，このシャツより975円高いそうです。ズボンのねだんはいくらですか。

式7点，答え7点【14点】

筆算するときには，けた数のちがいに気をつけてね。

（式）

答え _____

7 赤い金魚が723びき，黒い金魚が238ひきいます。赤い金魚は黒い金魚より何びき多いですか。

式7点，答え7点【14点】

（式）

答え _____

8 ゆかさんは2480円の図かんを買おうと思いましたが，290円たりません。ゆかさんが持っているお金はいくらですか。

式7点，答え7点【14点】

（式）

答え _____

問題の文章をじっくり読んだかな？

答え ▶ 117ページ

4 わり算

1 計算をしましょう。　　　　　　　　　　　　1つ2点【16点】

① 12 ÷ 4 = ☐　　　　② 0 ÷ 8 = ☐

③ 24 ÷ 3 = ☐　　　　④ 36 ÷ 6 = ☐

⑤ 40 ÷ 5 = ☐　　　　⑥ 9 ÷ 9 = ☐

⑦ 63 ÷ 7 = ☐　　　　⑧ 18 ÷ 2 = ☐

2 計算をしましょう。　　　　　両方できて1つ2点【16点】

① 7 ÷ 2 = 3 あまり 1　　　② 14 ÷ 4 = ☐ あまり ☐

③ 43 ÷ 5 = ☐ あまり ☐　　　④ 34 ÷ 7 = ☐ あまり ☐

⑤ 79 ÷ 8 = ☐ あまり ☐　　　⑥ 29 ÷ 3 = ☐ あまり ☐

⑦ 50 ÷ 6 = ☐ あまり ☐　　　⑧ 62 ÷ 9 = ☐ あまり ☐

3 計算をして，答えのたしかめもしましょう。　　　両方できて1つ8点【16点】

① 83 ÷ 9
たしかめ
(　　　　　　　　)

② 39 ÷ 4
たしかめ
(　　　　　　　　)

↑ わる数×答え＋あまり＝わられる数

4 計算をしましょう。

① $6 \div 6$

② $25 \div 5$

③ $14 \div 7$

④ $72 \div 8$

⑤ $16 \div 2$

⑥ $21 \div 3$

⑦ $81 \div 9$

⑧ $32 \div 4$

⑨ $3 \div 1$

⑩ $0 \div 1$

⑪ $7 \div 4$

⑫ $24 \div 5$

⑬ $19 \div 3$

⑭ $43 \div 7$

⑮ $35 \div 9$

⑯ $41 \div 6$

⑰ $85 \div 9$

⑱ $61 \div 7$

⑲ $17 \div 2$

⑳ $73 \div 8$

㉑ $66 \div 9$

㉒ $40 \div 7$

㉓ $23 \div 6$

㉔ $30 \div 4$

㉕ $47 \div 5$

㉖ $52 \div 8$

見直しをしようね！

答え ▶ 118ページ

1 ヨーグルトが21こあります。7人で同じ数ずつ分けると，1人分は何こになりますか。
式5点, 答え5点【10点】

（式）

ヨーグルトの数		分ける人数		1人分の数
21	÷	7	=	

答え _____

2 くりが24こあります。1人に8こずつ分けると，何人に分けられますか。
式5点, 答え5点【10点】

（式）

くりの数		1人分の数		人数
	÷		=	

答え _____

3 35mのロープを6mずつに切ります。6mのロープは何本できて，何mあまりますか。
式5点, 答え5点【10点】

（式）

ロープの長さ		1本の長さ		本数		
	÷		=		あまり	

答え _____ 本できて, _____ mあまる。

4 水が15Lあります。これを，2Lずつびんに入れていきます。水を全部びんに入れるには，びんは何本いりますか。
式5点, 答え5点【10点】

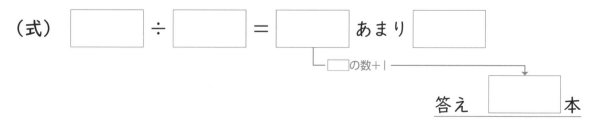

（式）

	÷		=		あまり	

└ □の数＋1 ─

答え _____ 本

5 12このメロンパンを，3人で同じ数ずつ分けると，1人分は何こに
なりますか。

式6点，答え6点【12点】

(式)

答え _____

6 36人の子どもたちが，1チーム9人ずつに分かれて野球をします。
野球のチームは何チームできますか。

式6点，答え6点【12点】

(式)

答え _____

7 ボールが8こ入る箱があります。72このボールを同じ数ずつ，
入る数だけ入れると，箱は何箱いりますか。

式6点，答え6点【12点】

(式)

答え _____

8 クッキーが44こあります。5人で同じ数ずつ分けると，1人分は何
こで，何こあまりますか。

式6点，答え6点【12点】

(式)

答え _____

9 31この石けんを4こずつふくろに入れてプ
レゼントにします。プレゼント用のふくろは，
何ふくろできますか。

式6点，答え6点【12点】

あまりの石け
んでは，1ふ
くろできない
ね。

(式)

答え _____

何をもとめるか，わかったかな？

答え ▶ 118ページ

6 10000より大きい数

1 次の数の読み方を，漢字で書きましょう。 1つ5点【10点】

① 635471 （　　　　　　　　　　　　）
↑
一万の位

② 12849306 （　　　　　　　　　　　　）

2 次の数を数字で書きましょう。 1つ5点【10点】

① 一万を3こ，千を4こ，
百を5こあわせた数 （　　　　　　　　　）

② 一万を5こ，十を6こ，
一を7こあわせた数 （　　　　　　　　　）

3 下の数直線で，㋐，㋑，㋒のめもりが表す数を書きましょう。

1つ4点【12点】

数直線では，まず1めもりの大きさをつかむ。

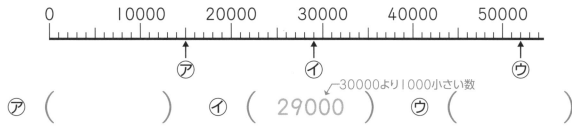

㋐ （　　　　　　　　　） ㋑ （ 29000 ） ㋒ （　　　　　　　　　）

└30000より1000小さい数

4 □にあてはまる不等号（＞，＜）を書きましょう。 1つ5点【20点】

① 15000 □ 16000 ② 45600 □ 45700

③ 37210 □ 37190 ④ 940080 □ 940100

5 次の数を数字で書きましょう。　　　　　1つ5点【10点】

① 四十八万五千七百十六

（　　　　　　　　　　）

② 五百三十万二百

（　　　　　　　　　　）

6 次の数を数字で書きましょう。　　　　　1つ5点【10点】

① 百万を8こ，千を7こ，百を3こあわせた数

（　　　　　　　　　　）

② 千万を3こ，百万を6こ，十万を4こ，一万を2こあわせた数

（　　　　　　　　　　）

7 □にあてはまる数を書きましょう。　　　　　1つ6点【12点】

① | 50000 |—| 55000 |—| 　　　 |—| 65000 |

② | 700000 |—| 　　　 |—| 900000 |—| 1000000 |

8 □にあてはまる，等号（＝），不等号を書きましょう。　　1つ4点【16点】

① 8000 □ 5000＋4000　　② 4000 □ 6000－2000

③ 100000 □ 50000＋40000　　④ 30000 □ 70000－20000

10000より大きい数がとくいになったね！

答え ▶ 118ページ

16

かけ算のきまり，1けたをかけるかけ算の筆算

1 □にあてはまる数を書きましょう。　　　　　　1つ4点【16点】

① $8 \times 7 = 8 \times 6 + \boxed{8}$　←かけられる数をたす。

② $9 \times 8 = 9 \times 9 - \boxed{}$

③ $7 \times 4 = 4 \times \boxed{}$　←かけられる数とかける数を入れかえる。

④ $6 \times 3 = 3 \times \boxed{}$

2 計算をしましょう。　　　　　　1つ3点【36点】

①
```
  1 4
× 　3
  4 2
```
「三四12」，十の位に1くり上げる。

②
```
  7 4
× 　5
```

③
```
  3 1
× 　4
```

④
```
  9 6
× 　8
```

⑤
```
  8 0
× 　6
```

⑥
```
  5 3
× 　7
```

⑦
```
  1 6 2
× 　　6
```

⑧
```
  2 8 0
× 　　3
```

⑨
```
  8 0 3
× 　　4
```

⑩
```
  8 4 1
× 　　8
```

⑪
```
  3 6 4
× 　　9
```

⑫
```
  6 3 7
× 　　5
```

3 くふうして計算しましょう。

1つ4点【8点】

① $3 \times 4 \times 2$

② $387 \times 2 \times 5$

4 計算をしましょう。

1つ2点【32点】

① $\begin{array}{r} 13 \\ \times\ 7 \\ \hline \end{array}$

② $\begin{array}{r} 38 \\ \times\ 2 \\ \hline \end{array}$

③ $\begin{array}{r} 29 \\ \times\ 3 \\ \hline \end{array}$

④ $\begin{array}{r} 42 \\ \times\ 6 \\ \hline \end{array}$

⑤ $\begin{array}{r} 64 \\ \times\ 8 \\ \hline \end{array}$

⑥ $\begin{array}{r} 97 \\ \times\ 5 \\ \hline \end{array}$

⑦ $\begin{array}{r} 85 \\ \times\ 9 \\ \hline \end{array}$

⑧ $\begin{array}{r} 70 \\ \times\ 4 \\ \hline \end{array}$

⑨ $\begin{array}{r} 123 \\ \times\ \ \ 4 \\ \hline \end{array}$

⑩ $\begin{array}{r} 215 \\ \times\ \ \ 3 \\ \hline \end{array}$

⑪ $\begin{array}{r} 640 \\ \times\ \ \ 7 \\ \hline \end{array}$

⑫ $\begin{array}{r} 369 \\ \times\ \ \ 5 \\ \hline \end{array}$

⑬ $\begin{array}{r} 604 \\ \times\ \ \ 9 \\ \hline \end{array}$

⑭ $\begin{array}{r} 536 \\ \times\ \ \ 8 \\ \hline \end{array}$

⑮ $\begin{array}{r} 754 \\ \times\ \ \ 6 \\ \hline \end{array}$

⑯ $\begin{array}{r} 423 \\ \times\ \ \ 7 \\ \hline \end{array}$

5 □の中に，筆算でしましょう。

1つ4点【8点】

① 35×4

② 578×7

計算力がついているよ！

答え ▶ 119ページ

1 1こ86円のあんパンを5こ買いました。代金はいくらになりますか。

式5点, 答え5点【10点】

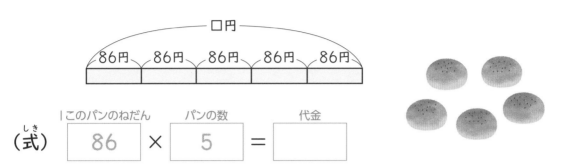

□円

86円　86円　86円　86円　86円

（式）
1このパンのねだん　　　パンの数　　　　代金
86　×　5　＝

答え＿＿＿＿＿＿＿＿

2 8台のトラックで，荷物を運びます。1台のトラックで荷物を47こずつ運ぶと，全部で何こ運べますか。

式5点, 答え5点【10点】

（式）
1台で運ぶ荷物の数　　トラックの数　　全部の荷物の数
　　×　　＝

答え＿＿＿＿＿＿＿＿

3 長さ150cmのなわとびのなわを，5本つくります。なわは，全部で何cmいりますか。

式5点, 答え5点【10点】

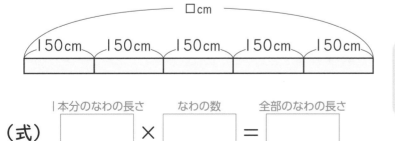

□cm

150cm　150cm　150cm　150cm　150cm

（式）
1本分のなわの長さ　　なわの数　　全部のなわの長さ
　　×　　＝

（1つ分の数）×（いくつ分）で，式を書こう。

答え＿＿＿＿＿＿＿＿

4 えん筆が6ダースあります。えん筆は全部で何本ありますか。|ダースの箱には，えん筆が|2本ずつ入っています。 式5点，答え5点【10点】

(式)

答え ＿＿＿＿＿＿＿＿＿

5 32cmの白いリボンがあります。赤いリボンの長さは，白いリボンの7倍あります。赤いリボンの長さは何cmですか。 式8点，答え7点【15点】

(式)

答え ＿＿＿＿＿＿＿＿＿

6 |さら298円のすしを，6さら食べました。代金はいくらになりますか。 式8点，答え7点【15点】

(式)

答え ＿＿＿＿＿＿＿＿＿

7 くぎが|箱に360本ずつ入っています。8箱あると，全部で何本になりますか。 式8点，答え7点【15点】

(式)

答え ＿＿＿＿＿＿＿＿＿

8 池のまわりを|まわりすると，423mあります。3回まわると，全部で何m歩くことになりますか。 式8点，答え7点【15点】

(式)

答え ＿＿＿＿＿＿＿＿＿

 文章題になれてきた？

答え ▶ 119ページ

9 長さ，重さ

1 下のまきじゃくで，㋐，㋑のめもりが表す長さは何m何cmですか。

1つ5点【10点】

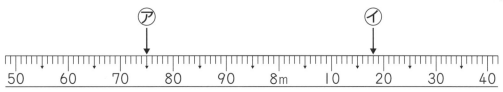

㋐（　7m75cm　）　　　　　　㋑（　　　　　　　）

2 次のものの長さをはかるには，まきじゃくとものさしのどちらを使ったほうがよいですか。

1つ4点【16点】

① ノートのたての長さ　　　② バケツのまわりの長さ

（　　　　　　　）　　　　　（　　　　　　　）

③ 体育館の横の長さ　　　　④ 図かんのあつさ

（　　　　　　　）　　　　　（　　　　　　　）

3 次のはかりで，はりがさしている重さはどれだけですか。

1つ5点【10点】

①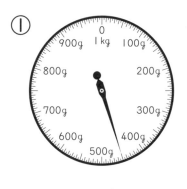

1kg（1000g）まではかれる。いちばん小さい1めもりは5g，次に小さいめもりは10gを表している。

②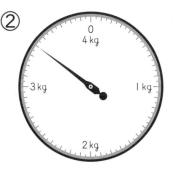

（　　　450g　　　）　　　　（　　　　　　　）

21

4 □にあてはまる数を書きましょう。　　　　　　　1つ4点【16点】

① 8km = ☐ m ← 1km=1000m　② 3km200m = ☐ m

③ 2850m = ☐ km ☐ m　④ 7km360m = ☐ m

5 あわせた長さは何km何mですか。　　　　　　　1つ5点【10点】

① 600mと830m　　　　② 300mと2km500m

（　　　　　　　）　　（　　　　　　　）

6 □にあてはまる数を書きましょう。　　　　　　　1つ4点【16点】

① 3kg = ☐ g ← 1kg=1000g　② 4kg200g = ☐ g

③ 6340g = ☐ kg ☐ g　④ 5t = ☐ kg ← 1t=1000kg

7 あわせた重さは何kg何gですか。　　　　　　　1つ5点【10点】

① 500gと1kg400g　　　② 350gと2kg200g

（　　　　　　　）　　（　　　　　　　）

8 長いほうや，重いほうを◯でかこみましょう。　　1つ3点【12点】

① （1km200m，1km190m）　② （1800m，1km700m）

③ （1kg900g，2kg300g）　④ （2100g，2kg）

見直しをしようね！

1 計算をしましょう。

1つ2点【12点】

① 0.5 + 0.4 = 0.9

0.1が(5+4)で9こだから0.9

② 0.3 + 2.6 =

③ 0.8 + 0.7 =

④ 0.9 − 0.2 =

⑤ 1 − 0.3 =

⑥ 1.7 − 0.9 =

2 計算をしましょう。

1つ2点【12点】

①
```
  5.3
+ 1.6
─────
  6.9
```
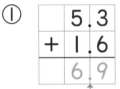
上の小数点にそろえて，
答えの小数点をうつ。

②
```
  0.4
+ 7.7
─────
```

③
```
  4.8
+ 3.5
─────
```

④
```
  8.5
+ 0.5
─────
  9.0
```
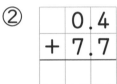
9.0は9と等しい大きさなので，0をななめの線で消す。

⑤
```
  7.6
+ 4
─────
```

⑥
```
  3.9
+ 9.8
─────
```

3 計算をしましょう。

1つ2点【12点】

①
```
  5.9
− 2.3
─────
```

②
```
  7.6
− 5.8
─────
```

③
```
  4.3
− 3.7
─────
```

④
```
 10.8
−  6.7
─────
```

⑤
```
  6.2
− 4
─────
```

⑥
```
  9
− 5.4
─────
```
← 9は9.0と考えて計算する。

4 計算をしましょう。

①　　3.3
　　＋1.5

②　　1.7
　　＋0.5

③　　2.4
　　＋6.8

④　　6.8
　　＋3

⑤　　3.9
　　＋5.4

⑥　　7.1
　　＋2.9

⑦　　8.1
　　＋2.7

⑧　　6.4
　　＋6.8

⑨　　5.8
　　－1.6

⑩　　9.7
　　－8.7

⑪　　5
　　－1.5

⑫　　2.6
　　－2

⑬　　8.2
　　－5.4

⑭　　9.4
　　－8.6

⑮　　10.8
　　－　7.8

⑯　　11.3
　　－　8.6

5 □の中に，筆算でしましょう。

① 3.2＋5.6

② 7.3＋2.9

③ 8.4－6.5

④ 9－2.1

小数の計算はバッチリだね！

答え ▶ 120ページ

月　　日

とく点

点

1 計算をしましょう。

①から⑥1つ2点，⑦両方できて3点【15点】

① $\dfrac{2}{4} + \dfrac{1}{4} = \dfrac{\boxed{3}}{4}$ ← $\dfrac{1}{4}$が(2+1)こで$\dfrac{3}{4}$

② $\dfrac{5}{9} + \dfrac{2}{9} = \dfrac{\boxed{}}{9}$

③ $\dfrac{2}{8} + \dfrac{1}{8} = \dfrac{\boxed{}}{8}$

④ $\dfrac{3}{5} + \dfrac{1}{5} = \dfrac{\boxed{}}{5}$

⑤ $\dfrac{2}{9} + \dfrac{3}{9} = \dfrac{\boxed{}}{9}$

⑥ $\dfrac{3}{8} + \dfrac{4}{8} = \dfrac{\boxed{}}{8}$

⑦ $\dfrac{4}{6} + \dfrac{2}{6} = \dfrac{\boxed{6}}{6} = \boxed{1}$

分母と分子が同じ数は
1となるよ。

2 計算をしましょう。

①から⑦1つ2点，⑧両方できて3点【17点】

① $\dfrac{4}{6} - \dfrac{3}{6} = \dfrac{\boxed{1}}{6}$ ← $\dfrac{1}{6}$が(4−3)こで$\dfrac{1}{6}$

② $\dfrac{9}{10} - \dfrac{6}{10} = \dfrac{\boxed{}}{10}$

③ $\dfrac{5}{7} - \dfrac{2}{7} = \dfrac{\boxed{}}{7}$

④ $\dfrac{2}{4} - \dfrac{1}{4} = \dfrac{\boxed{}}{4}$

⑤ $\dfrac{7}{9} - \dfrac{5}{9} = \dfrac{\boxed{}}{9}$

⑥ $\dfrac{5}{6} - \dfrac{2}{6} = \dfrac{\boxed{}}{6}$

⑦ $\dfrac{6}{8} - \dfrac{5}{8} = \dfrac{\boxed{}}{8}$

⑧ $1 - \dfrac{4}{5} = \dfrac{\boxed{}}{5} - \dfrac{4}{5} = \dfrac{\boxed{}}{5}$

計算をしましょう。

① $\dfrac{2}{8} + \dfrac{3}{8}$

② $\dfrac{3}{6} + \dfrac{2}{6}$

③ $\dfrac{5}{9} + \dfrac{1}{9}$

④ $\dfrac{1}{10} + \dfrac{5}{10}$

⑤ $\dfrac{1}{4} + \dfrac{2}{4}$

⑥ $\dfrac{2}{5} + \dfrac{2}{5}$

⑦ $\dfrac{4}{8} + \dfrac{3}{8}$

⑧ $\dfrac{3}{9} + \dfrac{5}{9}$

⑨ $\dfrac{6}{7} + \dfrac{1}{7}$

⑩ $\dfrac{2}{10} + \dfrac{8}{10}$

⑪ $\dfrac{4}{6} - \dfrac{2}{6}$

⑫ $\dfrac{7}{8} - \dfrac{5}{8}$

⑬ $\dfrac{7}{9} - \dfrac{4}{9}$

⑭ $\dfrac{5}{7} - \dfrac{3}{7}$

⑮ $\dfrac{3}{10} - \dfrac{2}{10}$

⑯ $\dfrac{4}{5} - \dfrac{3}{5}$

⑰ $\dfrac{8}{9} - \dfrac{4}{9}$

⑱ $\dfrac{9}{10} - \dfrac{6}{10}$

⑲ $1 - \dfrac{3}{8}$

⑳ $1 - \dfrac{7}{10}$

分数の計算がとくいになったね！

答え ▶ 120ページ

12 小数・分数の文章題

1 1.5mのロープと1.8mのロープをつなぎました。全体の長さは何m になりますか。

式5点，答え5点【10点】

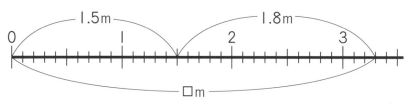

（式）□□□ ＋ □□□ ＝ □□□

答え＿＿＿＿＿＿＿＿

2 重さが0.4kgのバケツに水を入れて重さをはかったら，3kgあり ました。水の重さは何kgですか。

式5点，答え5点【10点】

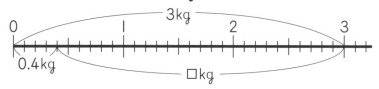

3は3.0と考えて計算しよう。

　3.0
－0.4

（式）□□□ － □□□ ＝ □□□

答え＿＿＿＿＿＿＿＿

3 りんごジュースが1Lあります。$\frac{1}{3}$L飲むと，のこりは何Lになりますか。

式5点，答え5点【10点】

（式）□ － □ ＝ □

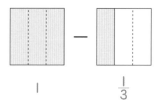

1を分母が3の分数にして

$1 - \frac{1}{3} = \frac{3}{3} - \frac{1}{3}$

答え＿＿＿＿＿＿＿＿

27

4 麦茶がポットに0.6L，やかんに1.2L入っています。麦茶はあわせて何Lありますか。

式7点，答え7点【14点】

（式）

答え ＿＿＿＿＿＿＿＿

5 ホットケーキのこなが2.8kgありました。1.6kg使うと，のこりは何kgになりますか。

式7点，答え7点【14点】

（式）

答え ＿＿＿＿＿＿＿＿

6 ゆいさんの家から駅までのきょりは4.3kmです。家から図書館までのきょりは，家から駅までのきょりより3.7km短いです。ゆいさんの家から図書館までのきょりは何kmですか。

式7点，答え7点【14点】

（式）

答え ＿＿＿＿＿＿＿＿

7 リボンを$\frac{3}{8}$m切り取ったので，のこりが$\frac{5}{8}$mになりました。リボンは，はじめに何mありましたか。

式7点，答え7点【14点】

（式）

答え ＿＿＿＿＿＿＿＿

8 たけるさんは$\frac{5}{7}$km走りました。1km走るには，あと何kmありますか。

式7点，答え7点【14点】

（式）

答え ＿＿＿＿＿＿＿＿

問題の文章をじっくり読んだかな。

答え ▶ 121ページ

13 2けたをかける かけ算の筆算

1 計算をしましょう。

1つ4点【24点】

①
```
    1 2
×   1 4
─────────
    4 8  ←12×4=48
  1 2    ←12×1=12
─────────
  1 6 8
```

②
```
    1 5
×   3 6
─────────
```

③
```
    1 8
×   4 2
─────────
```

④
```
    3 4
×   4 5
─────────
```

⑤
```
    4 7
×   2 9
─────────
```

⑥
```
    9 6
×   7 3
─────────
```

2 計算をしましょう。

1つ4点【16点】

①
```
    1 2 3
×     4 5
───────────
    6 1 5
  4 9 2
───────────
  5 5 3 5
```

②
```
    2 4 6
×     3 2
───────────
```

③
```
    6 8 9
×     6 0
───────────
```

④
```
    4 5 3
×     5 4
───────────
```

かける数の一の位から
じゅんに計算したかを
見直してみようね。

① 　　30
　　×12

② 　　22
　　×13

③ 　　31
　　×24

④ 　　57
　　×64

⑤ 　　74
　　×29

⑥ 　　28
　　×86

⑦ 　164
　×　21

⑧ 　243
　×　37

⑨ 　304
　×　27

⑩ 　526
　×　44

⑪ 　420
　×　83

⑫ 　917
　×　40

⑬ 　703
　×　65

⑭ 　738
　×　93

⑮ 　831
　×　92

2けたをかけるかけ算になれたね！

答え ▶ 121ページ

14 2けたをかける かけ算の筆算の文章題

1 |に69円のプリンを，13こ買いました。代金はいくらになりますか。

式5点，答え5点【10点】

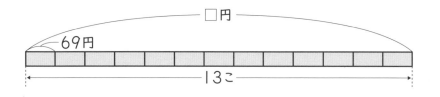 

（式）

にのプリンのねだん		プリンの数		代金
69	×	13	=	

答え _____

2 |本のかんに，ジュースが350mL入っています。このかんが25本あると，ジュースは全部で何mLになりますか。

式5点，答え5点【10点】

（式）

|本のジュースのかさ		かんの数		全部のかさ
	×		=	

答え _____

3 まみさんは，|日に250m泳ぎます。30日間では何m泳ぐことになりますか。

式5点，答え5点【10点】

（式）

|日に泳ぐ長さ		日数		全部の長さ
	×		=	

答え _____

4 子ども会をするので，1本89円のジュースを25本買いました。ジュースの代金はいくらになりますか。

だいきん

式7点，答え7点【14点】

（式）しき

答え _____

5 ひろとさんは，紙ひこうきを毎日30きずつ，14日間作りました。全部で何き作りましたか。

ぜんぶ

式7点，答え7点【14点】

（式）

答え _____

6 ぬいぐるみ1この重さは456gです。このぬいぐるみ56こでは，何kg何gになりますか。

おも

式7点，答え7点【14点】

（式）

456g

答え _____

7 あかりさんは遠足で水族館に行きます。あかりさんの組の人数は36人で，水族館の入館りょうは430円です。入館りょうは全部でいくらになりますか。

すいぞくかん

式7点，答え7点【14点】

（式）

答え _____

8 1せきの船に荷物を864こつんで運びます。船が78せきあると，荷物は何こ運べますか。

にもつ はこ

式7点，答え7点【14点】

（式）

答え _____

落ち着いて考えられた？

お つ

答え ▶ 121ページ

15 円と球，三角形

1 下の図を見て，□ にあてはまる数やことばを書きましょう。

1つ5点【20点】

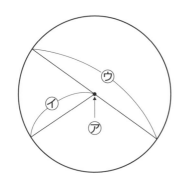

① ⑦を円の □ といいます。

② ⑨を □ といい，⑦を □ と

いいます。

③ ⑨は⑦の □ 倍の長さです。

2 下の図のように，直径8cmのボールが2こ，箱にきちんと入っています。

1つ5点【10点】

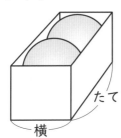

横　たて

① 箱の横の長さは何cmですか。　（　　　　　）

② 箱のたての長さは何cmですか。　（　　　　　）

3 下の⑦，⑦の三角形について答えましょう。

1つ5点【15点】

⑦
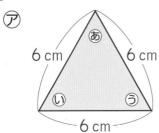
6cm　あ　6cm
い　う
6cm

⑦

6cm　6cm
4cm

① ⑦，⑦は，それぞれ何という三角形ですか。

⑦（　　　　　　　）

⑦（　　　　　　　）

② ⑦の三角形で，あの角と大きさが等しい角はどれですか。全部答えましょう。

（　　　　　　　）

4 下の図のように，1つの辺^{へん}が20cmの正方形の中に，きちんと入る円を3つかきました。次^{つぎ}の長さをもとめましょう。

1つ5点【15点】

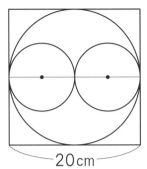

20cm

① 大きい円の直径^{ちょっけい} （　　　　　　）

② 大きい円の半径 （　　　　　　）

③ 小さい円の半径 （　　　　　　）

5 □ にあてはまる数を書きましょう。

1つ5点【10点】

① 半径7cmの球^{きゅう}の直径の長さは □ cmです。

② 直径24cmの球の半径の長さは □ cmです。

6 半径が3cmの円の中に，㋐，㋑の三角形をかきました。

1つ10点【20点】

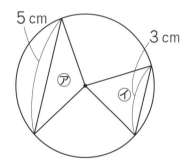

5cm

3cm

① ㋐は何という三角形ですか。

（　　　　　　）

② 3つの角の大きさが等^{ひと}しいのは，どちらの三角形ですか。

（　　　　　　）

7 三角じょうぎを右の図のようにならべると，何という三角形ができますか。

1つ5点【10点】

㋐

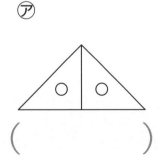

㋑

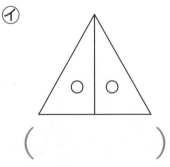

（　　　　　　） （　　　　　　）

図形を見る力がついてるよ！

答え ▶ 122ページ

ぼうグラフと表

1 下のグラフは，あおいさんの学校全体で，先週何人けっせきしたかを調べて表したものです。

1つ8点【32点】

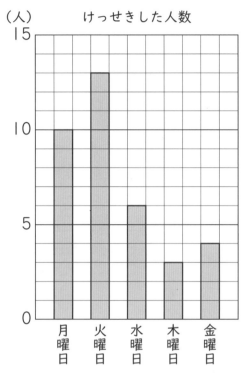

（人）　けっせきした人数

① このグラフの1めもりは，何人を表していますか。

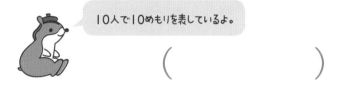

10人で10めもりを表しているよ。

（　　　　　　　）

② 月曜日にけっせきした人は何人でしたか。

（　　　　　　　）

③ 水曜日にけっせきした人は，火曜日にけっせきした人より何人少ないですか。

（　　　　　　　）

④ 先週けっせきした人は，全部で何人ですか。

（　　　　　　　）

2 下のグラフで，1めもりが表している大きさと，ぼうが表している大きさはどれだけですか。

1つ5点【20点】

①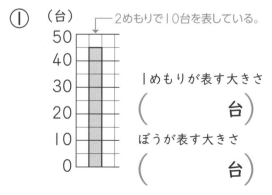

（台）　2めもりで10台を表している。

1めもりが表す大きさ

（　　　　　　台）

ぼうが表す大きさ

（　　　　　　台）

②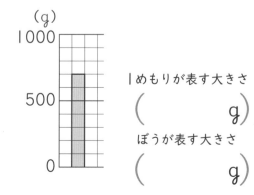

（g）

1めもりが表す大きさ

（　　　　　　g）

ぼうが表す大きさ

（　　　　　　g）

3 下の表は，しょうさんたちのはんの人の家から学校までかかる時間を表したものです。めもりが表す数と，ぼうをグラフにかきましょう。【30点】

学校までかかる時間

名　前	時間(分)
しょう	10
けんた	18
ゆ い	8
こうじ	12
も え	6

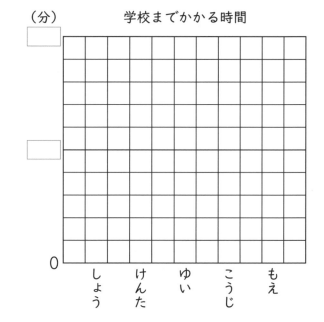

（分）　　学校までかかる時間

4 はるきさんの学校の3年生がすきな動物を組べつに調べて，下のような1つの表にまとめました。

①全部できて8点，②・③1つ5点【18点】

3年生がすきな動物　　　（人）

しゅるい ＼ 組	1組	2組	3組	合計
犬	16	12	13	
ね こ	9	10	12	
うさぎ	5	6	4	
パンダ	3	3	3	
合　計				

① それぞれの合計の人数を，上の表に書き入れましょう。

② ねこがすきな人は，3年生全体で何人ですか。　　（　　　　　）

③ 3年生は，みんなで何人ですか。　　（　　　　　）

見直しをしようね！

答え ▶ 122ページ

□を使った式

1 公園に子どもが12人います。そこへ何人か来たので，子どもは全部で21人になりました。何人来ましたか。

①6点，②式6点，答え6点【18点】

① 来た人数を□人として，たし算の式に表しましょう。

（式）　はじめの人数 12 ＋ 来た人数 □ ＝ 全部の人数 21

①問題のとおりにことばの式をつくる。
②数や□をあてはめる。

② □にあてはまる数をもとめて，答えも書きましょう。

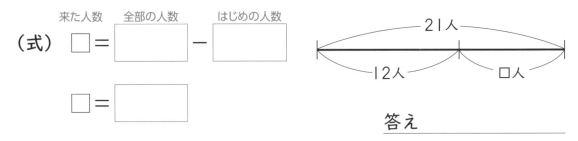

（式）　来た人数 □ ＝ 全部の人数 ── はじめの人数

□ ＝

答え _____

2 花を，同じ数ずつ6この花びんに入れたら，花は全部で54本使いました。1この花びんに何本の花を入れましたか。

①6点，②式6点，答え6点【18点】

① 1こ分の数を□本として，かけ算の式に表しましょう。

（式）　1こ分の数 □ × 花びんの数 ＝ 全部の数 54

② □にあてはまる数をもとめて，答えも書きましょう。

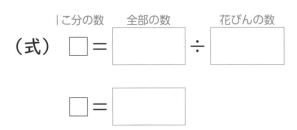

（式）　1こ分の数 □ ＝ 全部の数 ÷ 花びんの数

□ ＝

答え _____

★わからない数を□として式に表し，答えをもとめましょう。

3 シールを15まいもらったので，全部で62まいになりました。はじめに何まいありましたか。 式8点，答え8点【16点】

図をかいて考えよう。

（式）

答え _____

4 ブローチを作るのにリボンを45cm使ったので，のこりが80cmになりました。リボンは，はじめに何cmありましたか。 式8点，答え8点【16点】

（式）

答え _____

5 1こ9円のグミを何こか買ったら，代金は72円でした。グミは何こ買いましたか。 式8点，答え8点【16点】

（式）

答え _____

6 みかんを6人で同じ数ずつ分けたら，1人分は4こになりました。みかんは何こありましたか。 式8点，答え8点【16点】

（式）

答え _____

□で文章題がとけるね。

答え ▶ 123ページ

18 いろいろな問題

1 水そうに、めだかが45ひき、どじょうが9ひきいます。めだかは、どじょうの何倍いますか。

式7点、答え6点【13点】

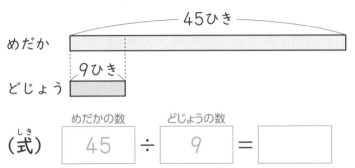

（式）　めだかの数 45 ÷ どじょうの数 9 ＝ ［　　　］

答え ＿＿＿＿＿＿

2 30cmと17cmのテープをつないで、45cmにします。つなぎめの長さを何cmにすればよいですか。

式7点、答え6点【13点】

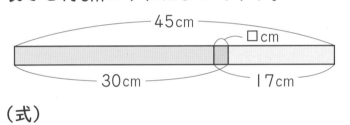

つなぎめの長さとは重なる長さのことだよ。

（式）

答え ＿＿＿＿＿＿

3 ハイキングで12km歩きましたが、その間に、同じ道のりを歩くごとに、2回休みました。何kmごとに休みましたか。

式7点、答え6点【13点】

（式）　12 ÷ ［　　　］ ＝ ［　　　］

休んだ回数より1回多くなる。

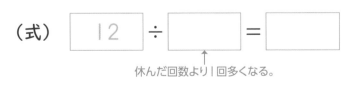
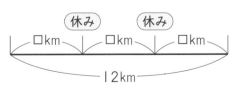

答え ＿＿＿＿＿＿

4 サッカーボールが6こ，野球のボールが36こあります。野球のボールは，サッカーボールの何倍ありますか。

式8点，答え7点【15点】

（式）

答え _____

5 32kg入るケースにすなを入れます。バケツで8回すなを入れるとケースはいっぱいになりました。バケツは，何kgのすなが入りますか。

式8点，答え8点【16点】

（式）

答え _____

6 48cmのぼうを2本，つなぎめを6cmにしてつなぎました。全体の長さは何cmになりますか。

式8点，答え7点【15点】

（式）

答え _____

7 まるい形をした池のまわりに，木が7mおきに8本植えてあります。この池のまわりの長さは何mですか。

式8点，答え7点【15点】

（式）

答え _____

算数はこれでおしまい。おつかれさま！

答え ▶ 123ページ

一 漢字と送りがな

1 ——線のことばを、漢字と送りがなで書きましょう。 〔一つ3点/36点〕

① うつくしい音楽がながれる。　（　・　）

② 地面をたいらにととのえる。　（　・　）

③ かなしい気持ちをあじわう。　（　・　）

④ 教室にはこぶ箱をかさねる。　（　・　）

⑤ さいわい、命はたすかる。　（　・　）

⑥ 上級にすすむしけんをうける。（　・　）

2 次のことばを、送りがながつくか、つかないかに気をつけて、漢字を一字使って書きましょう。 〔一つ2点/10点〕

「なつやすみ」だと「夏休み」となるね。

① のみもの　（　　　）

② むかしばなし　（　　　）

③ みなとまつり　（　　　）

④ かかりいん　（　　　）

⑤ おちば　（　　　）

漢字の送りがなは、まちがえやすいので注意しましょう。

5 次の送りがなに続く漢字を、□の中から一つずつえらんで□に書きましょう。また、その読み方を（　）に書きましょう。【1つ4点】24点

① □ つ　（　　　　）
② □ ぐ　（　　　　）
③ □ ぬ　（　　　　）
④ □ ける　（　　　　）
⑤ □ べる　（　　　　）
⑥ □ らす　（　　　　）

```
反　注　死　化
調　育
```

4 次の言葉と反対の意味の言葉を、漢字と送りがなで書きましょう。【1つ3点】18点

① 暑(あつ)い　⇔　（　　　　）
② 明(あか)るい　⇔　（　　　　）
③ ねる　⇔　（　　　　）
④ 始(はじ)まる　⇔　（　　　　）
⑤ 負(ま)ける　⇔　（　　　　）
⑥ すてる　⇔　（　　　　）

3 送りがなが正しいほうをえらんで、記号を○でかこみましょう。【1つ2点】12点

① ｛ ア 安す　イ 安い ｝
② ｛ ア 短か　イ 短い ｝
③ ｛ ア 温か　イ 温かい ｝
④ ｛ ア 集める　イ 集める ｝
⑤ ｛ ア 実のる　イ 実る ｝
⑥ ｛ ア 表わす　イ 表す ｝

② 漢字の組み立て

1 次の二つの漢字の部分は、下のア〜エと組み合わせると、それぞれ
漢字になります。一つずつえらんで──線でつなぎましょう。

1つ3点【12点】

① 月 ── 昔 ・ ・ ア 貝

② 化 ── 楽 ・ ・ イ 日

③ 田 ── 自 ・ ・ ウ 攵

④ 孝 ── 方 ・ ・ エ 艹

ア〜エは、部首だよ。

2 次の の部分が部首になっている漢字を、 から一つずつえ
らんで、□に書きましょう。

1つ2点【24点】

① へん ・・・ ・

② つくり ・・・ ・

③ かんむり ・・・ ・

④ あし ・・・ ・

⑤ にょう ・・・ ・

⑥ かまえ ・・・ ・

図 歌 点 家
記 週 緑 意
留 列 区 起

漢字の組み立ては、たいせつだよ！

勝　村
園　道
度　動
板　広
逆　国
題　顔

⑥は、「こころ」だよ。

4 次の名前の部分（部首）をもつ漢字を、□から一つずつ書きましょう。

⑤ まだれ　□・□
③ ちから　□・□
① きへん　□・□

⑥ したごころ　□・□
④ おおがい　□・□
② くにがまえ　□・□

【1つ4点】

3 次の部分をもつ漢字は、どんなことがらと関係がありますか。□から一つずつえらんで、（ ）に書きましょう。

④ 門（もんがまえ）…門 間 開　（　　）
③ 氵（さんずい）…池 湖 波　（　　）
② 宀（うかんむり）…室 宿 宮　（　　）
① 亻（にんべん）…休 体 係　（　　）

出入り口　家　水　人

【1つ6点】

漢字の音と訓

1 次の――線の漢字の読みがなを書きましょう。　1つ3点【24点】

① ㋐ 夜景（　）　㋑ 夜空（　）

② ㋐ 野菜（　）　㋑ 野原（　）

③ ㋐ 体重計（　）　㋑ 重ね着（　）

④ ㋐ 歯科医（　）　㋑ 歯医者（　）

2 次の音と訓をもつ漢字を、□からえらんで、□に書きましょう。　1つ3点【12点】

① 音 コン　訓 いま　□

② 音 カ　訓 や　□

③ 音 コン　訓 ね　□

④ 音 オク　訓 や　□

根	家	今	屋

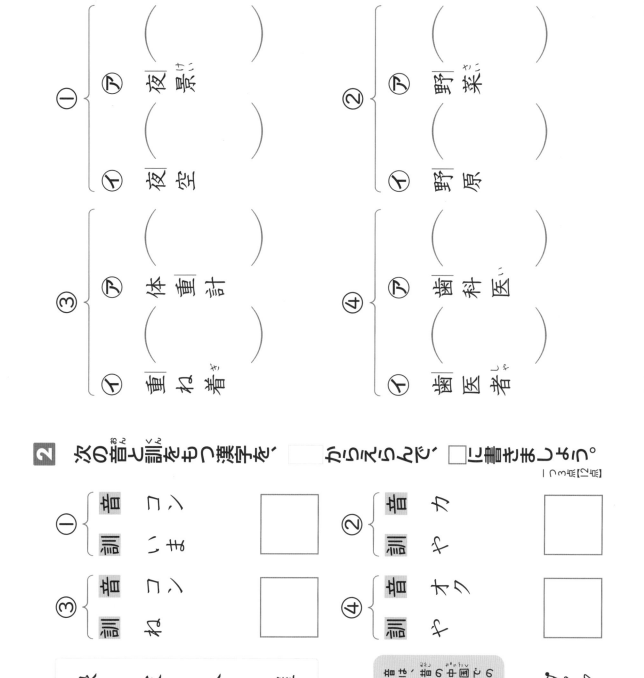

音せ、昔の中国での発音をもとに作られた読みかたよ。

音と訓の読み分けができますか。

⑦ 地下鉄（　）　⑤ 駅長（　）　③ 親子（　）　① 百円（　）

⑧ かれ葉（　）　⑥ くみ荷（　）　④ 絵馬（　）　② ぶた肉（　）

4 次の──線の漢字の読みがなを、音読みはかたかな、訓読みはひらがなで（　）に書きましょう。【1つ4点/32点】

③ 生物　音（　）　訓（　）

① 風車　音（　）　訓（　）

④ 大事　訓（　）　音（　）

② 色紙　訓（　）　音（　）

3 次の言葉の音読みと訓読みを（　）に書きましょう。【1つ4点/32点】

46

4 漢字の意味

1 次の□に、同じ読み方で意味のちがう漢字を書きましょう。

1つ5点【30点】

① えん
- ア 十□玉
- イ 公□で遊ぶ。
- ウ 明日は□足だ。

② き
- ア □分がよい。
- イ 日□を書く。
- ウ □車に乗る。

> 言葉の意味を考えて、漢字を使い分けよう。

2 次の□にあてはまる漢字を、□□からえらんで書きましょう。

1つ5点【20点】

① あ
- ア 計算の答えが□う。
- イ 駅で友達に□う。

② はや
- ア 兄は走るのが□い。
- イ あきらめるには、まだ□い。

早 速 合 会

4 次の■には、それぞれ同じ漢字が入ります。あてはまる漢字を下の□に書きましょう。

一つ5 [20点]

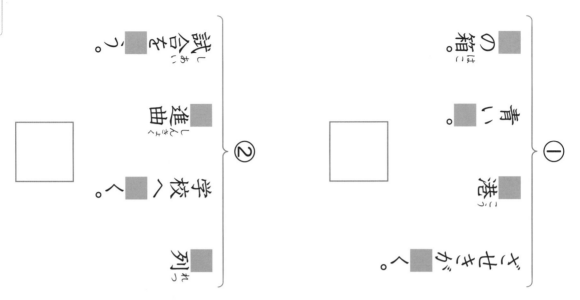

① 　■の箱。
　　青い■。
　　■港に。
　　■ぜ……く。

□

② 　試し合を■う。
　　■進曲。
　　学校へ■く。
　　■列。

□

3 次の言葉の──線の漢字の意味を、□からえらんで、□に書きましょう。

一つ5 [30点]

① 楽器

　ア　たのしい

　イ　かなでる・楽園

　ウ　おんがく・楽勝

② 平野

　ア　ひとしい

　イ　おだやか・平和

　ウ　たいら・平等

5 まちがえやすい漢字①

1 ■の漢字の読みがなを書きましょう。 1つ3点【18点】

① ⑦ 持ち主 （　）
　 ① 主な仕事 （　）

② ⑦ 千代紙 （　）
　 ① 代わる （　）

③ ⑦ 全く （　）
　 ① 全く （　）

2 ──線の漢字の読み方が、他とちがうものをさがして、その言葉の読みがなを（　）に書きましょう。 1つ5点【10点】

① 都会・都合・首都・都市 （　）

② 指定・指名・指令・指図 （　）

3 文に合うほうの漢字を下の〔　〕からえらんで、□に書きましょう。 1つ4点【16点】

① 半□の先にある町に行く。 〔鳥・島〕

② □十五回サッカー大会に出る。 〔第・弟〕

③ 五月は新□のきせつだ。 〔線・緑〕

④ 海□まで散歩する。 〔炭・岸〕

見直しもしっかりね！

4 ──線の漢字の読みがなを書きましょう。 【1つ3点/24点】

① 重病びょうが重なる患者を、重点的にしんさつする。（　）（　）（　）

② 定ぎを使って、一定の長さの線を引く。（　）（　）

③ 豆ふは、大豆からつくる。（　）（　）

④ 去年の夏が、去る三十年間でもっとも暑かった。（　）（　）

5 形に気をつけて、漢字を書きましょう。（□は、にた形の漢字です。）【1つ4点/32点】

① ち□いの
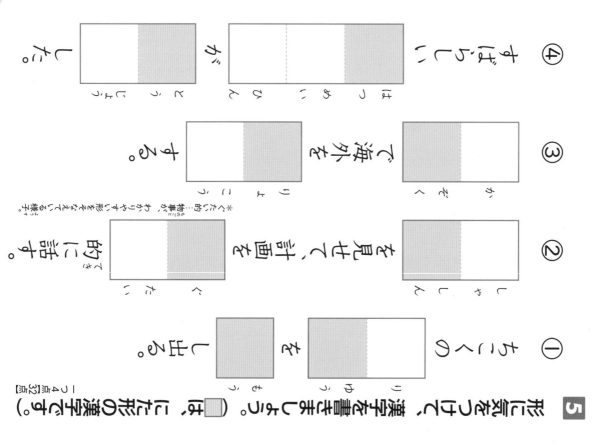
を □止める。

② □を見せて、計画を□的に話す。
　※的…物事がきりっとしていて、はっきりしている様子。

③ □で海外を□する。

④ □に□がした。

6 まちがえやすい漢字②

1 次の漢字の赤い部分は、何画目に書きますか。□に数字を書きましょう。

一つ4点【16点】

① 区 □ 画目
② 有 □ 画目
③ 氷 □ 画目
④ 乗 □ 画目

2 次の■の漢字は、部首がまちがっています。□に正しい漢字を書きましょう。

一つ4点【24点】

① 大きな荷物を 待 ち上げる。

② 野球のボールを 役 ける。

③ カップに、熱 陽 を注ぐ。

④ 町の人口は、十年前の二 部 にふえた。

⑤ 道で 池 人に声をかけられた。

⑥ 家から駅までは、ゆるい下り 板 だ。

部首がちがうと、読み方も意味もちがってくるよ。しっかりおぼえよう！

51

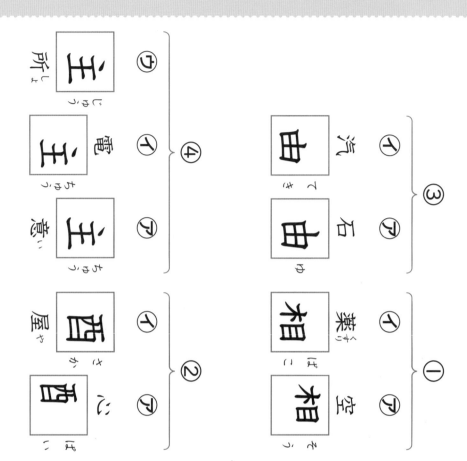

③
⑦ 汽て 由ゆ
① 右 由ゆ

① 薬くすり 相ばこ
⑦ 空そう 相ぞう

④
⑦ 意い 主ちゅう
⑦ 電でん 主ちゅう
⑨ 所しょ 主ぬし

②
⑦ 心ぱい 酉ば
⑦ 屋や 酉か

全部○の漢字にしましょう。

【1つ4点 36点】

4 次の□の漢字に、足りない部分をそれぞれ書き足して、読みがながなに

③ ⑦ 写 ⑦ 両 ⑦ 身 ……… 画
② ⑦ 庭 ⑦ 所 ⑦ 送 ……… 画
① ⑦ 起 ⑦ 都 ⑦ 級 ……… 画

【1つ8点 24点】

3 次から画数がいちばん少ない漢字をえらんで、記号を○でかこみましょう。また、その画数を□に書きましょう。

7 俳句に親しむ／国語辞典の使い方

1 次の言葉は、国語辞典にどんな順番でのっていますか。その順番を（　）に数字で書きましょう。　全部できて一つ10点【20点】

①
（　）もおん
（　）もその
（　）もかい
（　）もいろ

②
（　）のはら
（　）のうか
（　）ノート
（　）のはす

> 「ー」は、「あ・い・う・え・お」に直して考えよう。

2 ——線の言葉を、れい にならって国語辞典にのっている形（言い切りの形）に直して（　）に書きましょう。　一つ10点【20点】

れい 知っている言葉をさがす。　⇒（　知る　）

① 整った字を書く。　⇒（　　　　　）

② うれしそうな顔をする。　⇒（　　　　　）

3 国語辞典で「立つ」を引いたら、次のような意味が書いてありました。「飛行機が空港を立つ。」の意味にあてはまるものを一つえらんで、□に記号を書きましょう。　【10点】

ア おきあがる。　れい いすから立って歩き出す。

イ まっすぐたてになっている。　れい 電柱が立っている。

ウ 上くあがる。　れい 湯気が立つ。

エ 出かける。出発する。　れい 旅行に立つ。

「俳句」の世界を楽しもう！

54

ウ なぞなぞを出して、高熱が出ながらも、止まらないようすをしている子ども。

イ なぞなぞ遊びをしながらも、遊びをやめてしまう子ども。

ア 苦しそうにしながら、なぞなぞ遊びを人としてもなぞなぞ遊びを止まらないようすをしながらも、遊びを止まらない子ども。

● 書きましょう。

せきの子のなぞなぞあそびきりもなや

中村汀女
なかむらていじょ

【10点】

---

6 次の俳句が表している様子を□からえらんで、記号を□に書きましょう。 【1つ5点 20点】

② やがてゆく大枝をしならせる桜かな

村上鬼城
むらかみきじょう

① 閑かさや岩にしみ入る蟬の声

松尾芭蕉
まつおばしょう

---

5 俳句には季語（季節を表す言葉）が入っています。その季語の右側に──を引き、その季語が表す季節を下の□に書きましょう。 【1つ10点 20点】

② ひとつ家に遊女も寝たり萩と月

小林一茶
こばやしいっさ

① やせ蛙まけるな一茶これにあり

水原秋桜子
みずはらしゅうおうし

---

4 次の俳句は、どこで区切って読めますか。くぎりのよいところを「／」で区切って、調べてみましょう。 【1つ10点 20点】

② 雪とけて村いっぱいの子どもかな

正岡子規
まさおかしし

① やがて見し顔に鐘が鳴るなり法隆寺

水原秋桜子
みずはらしゅうおうし

れい

次の俳句は、どこで区切って読めますか。

1 絵を見ながら、ローマ字のしりとりをします。それぞれの絵に合う言葉をローマ字で書きましょう。

1つ4点【16点】

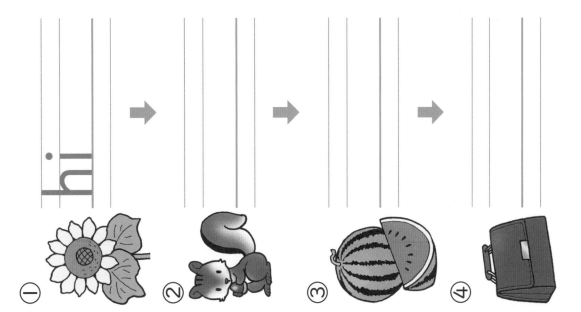

hi →　｜　→　｜　→　｜

① ② ③ ④

2 次のローマ字の言葉をひらがなで書きましょう。

1つ4点【24点】

① sakura （　　　）

② tosyositu （　　　）

③ kippu （　　　）

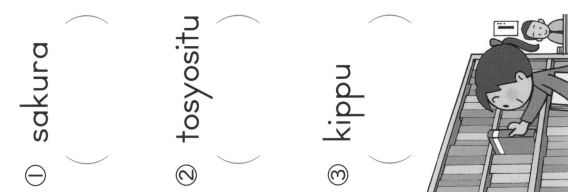

④ obâsan （　　　）

⑤ gakkô （　　　）

⑥ hon'ya （　　　）

ローマ字の書きかたは、一つだけではないよ。ちがいに気をつけてね？

4 次の人名・地名を、ローマ字ははひらがなで、かん字はひらがなで書きましょう。

① Satô Yûma
（　　　　　　　）

② Hukuoka-ken
（　　　　　　　）

③ なかい　ひなこ

④ 横浜市（よこはまし）

【5点×20】

⑤ おとうさん

⑥ ちゅうしゃ

⑦ びょういん

⑧ がっきゅう

3 次のひらがなの言葉を、ローマ字で書きましょう。

① おもちゃ

② きんぎょ

③ らっぱ

④ せっけん

【5点×40】

1 次の言葉の仲間にあてはまる言葉を、□から三つずつえらんで、□に記号を書きましょう。

1つ4点【24点】

① 動きを表す言葉 ……… □・□・□

② 様子を表す言葉 ……… □・□・□

ア おとなしい	イ だまる	ウ 食べる
エ おだやかだ	オ わらう	カ 長い

2 動きを表す言葉である「行く」を、それぞれの文の（　）に合う形に直して書き入れましょう。

1つ4点【20点】

① いそいで（　　　　　　　）ないと、ちこくしてしまう。

② 夏休みには、海に（　　　　　　　）たい。

③ 本屋に（　　　　　　　）ば、あるだろう。

④ みんなで公園に（　　　　　　　）う。

⑤ 北海道に（　　　　　　　）たいことがある。

「動きを表す言葉」は文の中で形がかわるんだね！

57

4 次の文から、動きを表す言葉と様子を表す言葉を一つずつ選んで、言い切りの形に直して書きましょう。 【一つ8点 32点】

れい 広い所で休んだ。
　動きを表す言葉…（休む）
　様子を表す言葉…（広い）

① 海岸で、きれいな貝がらを拾った。
　・動きを表す言葉……（　　　）
　・様子を表す言葉……（　　　）

② 楽しかった遠足の作文を書いた。
　・動きを表す言葉……（　　　）
　・様子を表す言葉……（　　　）

様子を表す言葉は「どんなだ」「～い」などで表す、動きを表す言葉は「どうする」で表すよ！

3 次の文から、様子を表す言葉を一つずつ見つけて、〇でかこみましょう。 【一つ8点 24点】

① きのう、かわいい子犬をもらった。

② 赤いぼうしをかぶって出かける。

③ 田中君が、みじかいロープを決める。

月　日
とく点
点

1 ――線の言葉は、何を表していますか。あてはまるものを □ か らえらんで、□に記号を書きましょう。

1つ5点【30点】

① 雨が しとしと ふる。

② 母さんは 家に いる。

③ ぼくは 絵を かく。

④ 姉は 中学生だ。

⑤ 屋上に 温室が ある。

⑥ さとうは あまい。

①	②	③	④	⑤	⑥

——の部分をたずねることばを、考えてみるといいよ。

ア だれは	イ 何が	ウ 何だ
エ どうする	オ どんなだ	カ いる・ある

2 次の文で、意味をくわしくしている言葉（修飾語）は、どれですか。□に記号を書きましょう。

1つ6点【18点】

① お母さんが、デパートに 行く。
　　ア　　　　イ　　　ウ

② かわいい 子犬が 走る。
　ア　　　イ　　ウ

③ 風が、ビュービュー ふく。
　ア　　イ　　　　ウ

①	②	③

答え ▶ 126ページ

文の組み立てを見て、正しいほうを選ぼう。

---

4 次の──線の修飾語が〈くわしくしている〉言葉を書き出しましょう。【1つ 7点 28点】

れい 高い 山が 見える。（ 山 ）

① 池の そばに、大きな 木が ある。
（　　　　）

② 兄が、青い 服を 着る。
（　　　　）

③ となりの 犬は、とても 大きい。
（　　　　）

注意！ 下の言葉に 注目して！

④ 弟が、力強く ボールを ける。
（　　　　）

---

3 次の文は、それぞれア〜エのどの文型にあてはまりますか。──線で むすびましょう。【1つ 6点 24点】

① ねこが 部屋に いる。・　　　・ア 何が（は）どうする。

② 兄は 中学生だ。・　　　・イ 何が（は）どんなだ。

③ つばめが 空を とぶ。・　　　・ウ 何が（は）何だ。

④ 学校の 勉強は 楽しい。・　　　・エ 何が（は）いる。

二 物語の読み取り①

1 次の文章を読んで、問題に答えましょう。　〔50点〕

魚にしましました。ふくろうのお父さんは、水面にあらわれるのをじっと待ちました。

⑦耳をじっとすませています。

ふくろうは、羽をたたんでいる時でも、耳をじっとすませています。

昔話はあたりません。

ここは、なみだがなみだがなみだが湖です。

その時、

⑦「ピーッ!」

ひなの声がひびきわたりました。

おなかをすかせているのです。

⑦「ボッ! ボッ!」

お父さんはひくく答えました。

「ボッ!」

お母さんも鳴きました。

（手島圭三郎「しまふくろうのみずうみ」
『北の森から』〈リブリオ出版〉より）

① ⑦「耳をじっとすませて」いるのは、だれですか。　（20点）

（　　　　　　　）

② ⑦「ピーッ!」とひなが鳴いたのはなぜですか。それがわかる一文を書き出しましょう。　（20点）

［　　　　　　　　　　　　　　　　］

③ ⑨「ボッ! ボッ!」と答えたときのお父さんの気持ちは、どんなだったでしょう。記号を○でかこみましょう。　（10点）

ア　しずかに。魚が起きてしまうじゃないか。

イ　おなかがすいたね。もうすこしがまんしなさい。

ウ　もうすこし待っていなさい。今、魚をとってやる。

2 次の文章を読んで、問題に答えましょう。 【50点】

大空に上がっていきました。

夜空に光る魚はうちのめるところをやがて、目だけを光り「今だ！」とさけびました。おおぞらの魚は、どこへにげようとしても、音もなく羽ばたいて、月の光に近く、音もなく羽ばたいて、月の光に

[⑦] 見ているうちに、やがて、魚は月の光をうけて、おおぞらへにげていきました。

そのとき、遠くの時に湖の上え、魚のかげをしずめて、うちの親子の声が

[⑦] そびよしながら、親子の声がゆ

（森川圭一郎『光の森から』〈版元オリオンブックス〉「光の手帳」より）

---

① ──線⑦「月の光」とありますが、「月の光」はどんな様子を表していますか。次の様子を○をつけましょう。記号を○をつけましょう。（10点）

ア 少し雲がみえている様子。
イ 少しずつ動いている様子。
ウ 月の光が水面にゆれ動いている様子。

② ──線⑦「ねらいをつけた」とありますが、何をつけますか。「　」をつけると。（10点・1つ20点）

（　　　）を（　　　）。

③ ──線⑦とありますが、かまえとはじめたしたようすのおとうさんが、そのへんか魚をつった。
書き出しのはじめ、その魚をつった文をさがして、はじめの四字を書き出しましょう。（20点）

1 次の文章を読んで、問題に答えましょう。【50点】

ブランコがブームでした。

どうしてだか、ブランコはじめたらいけばいくほど、いきおいよく止まってしまうのです。

⑦ワタルがブランコに乗ると、みんながわらいます。中には、後ろからつきとばす子もいます。

だから、ワタルは、いくにこっそり⑦練習をすることにしたのです。

⑦とても寒い朝でした。

ワタルは、一番に起きて、だんろをぬけ出しました。

ジャンパーのえりを両手でおさえながら、白い息をはきながら、おかの道を上りました。

思ったとおり、おかの上の公園には、だれもいません。のらねこ一ぴきいませんでした。

⑨「ああ、よかった!」

（山下明生「カモメがくれた三かくの海」〈日本標準〉より）

① ──⑦に対して、ワタルはどうすることにしましたか。
一つ10点(20点)

・一人で（　　　　　　）、

（　　　　　　）ことにした。

② ──⑦「とても寒い朝」であることがわかる、三字の言葉を書き出しましょう。(20点)

③ ──⑨「ああ、よかった!」と思ったのは、なぜですか。記号を○でかこみましょう。(10点)

ア ねこがいなかったから。

イ おかを上りきれたから。

ウ だれもいなかったから。

前の「思ったとおり」が、どういうことなのかを考えよう。

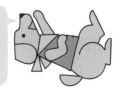

答え ◯ 127ページ

2 次の文章を読んで、問題に答えましょう。

（正木のぶゆき「ヘタメキな川づたへ」〈日本標準〉より）

ヘタのタルは、あわてて自分の手の中のコマをしまいました。

「ミ、ミ、海――！」

たとえば山のとびらの海でした。

それは、とびこのタルの目の中に上から下へ、たまった光も⟨④⟩ふうでした。

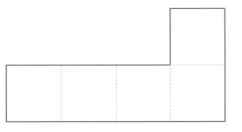

ヘタのタルは、なみだをうかべて、カメに自分の気持ちを空にメモし、それからコマをしまいました。

「たたとタルは、そのカメにヘタのカラスをおもいだしたので――」

① ――⑦ とありますが、タルは、そのときどんな気持ちでしたか。その気持ちを書いた一文のはじめの三字を書き出しましょう。（20点）【50点】

┌──────┐
│   │
└──────┘

② ――④「光るもの」とは何ですか。ヘタのタルの「　　」と五字で書き出しましょう。（20点）

┌──────┐
│   │
└──────┘

③ ――⑥「ミ、ミ、海！」とありますが、このときのタルのようすを次から選んで、記号を〇でかこみましょう。（10点）

ア たかい手から落としてしまいそうになっている。

イ たかい手から見えた海をとびこしてよろこんでいる。

ウ たかいところから見えた海にびっくりしている。

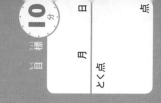
1 次の文章を読んで、問題に答えましょう。 〔50点〕

　野球のバッターや、工事げん場ではたらく人、オートバイに乗る人などは、くメットをかぶりますね。なぜでしょう。それは、頭の中にある「のう」を守るためです。

　わたしたちが考えたり、何かをおぼえたりできるのは、のうが体中にはりめぐらされた神けいを集めたり、命れいを送ったりしているうほうが、じょうぶで、もん肉に命れいを出すことができなくなり、体を動かすことができなくなることもあるのです。だから、頭はとても大事なのです。

① ——線の人たちが、くメットをかぶるのは、なぜですか。答えに当たる一文の、はじめの三字を書き出しましょう。 (10点)

② のうは、体中の神けいとつながって、どんなことをしていますか。 一つ15点(30点)

● （　　　　　　　　　　）を集めること。

● （　　　　　　　　　　）を送ること。

③ 頭が大事なのは、なぜですか。 (10点)

● 頭の中ののうがきずつくと、体を（　　　　　　　　　　）ことができなくなることもあるから。

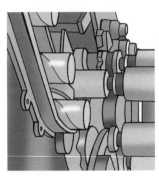

2 次の文章を読んで、問題に答えましょう。

食べ物がくさるのは、空気中のカビやきんがついて、食べ物の中の水分をつかってふえるからです。

①ほとんどの食品などは、間（ま）じかくしておくと、長いあいだくさりません。それはどうしてでしょうか。

②それはいっぱんに、水分のない食べ物は、そのまま食べられるからです。かんそうした食べ物は、その水分をへらしてしまうので、きんなどがふえることができず、いたみにくくなるのです。

③しかし、かんそうしたものを、大切なのは、空気中のカビやきんなどをへらすことです。かんそうさせることによって、それにともなって空気がぬけて、いたんでしまいます。したがって、かんそうした食品などを入れてからしめたものにして、ねじにしたがって、空気が入らないようにするのです。

① 食べ物を、かんそうさせる物をこの文章中から二十三字でぬき出しましょう。 [10点]

　[　か　]　[　や　]

② ──線②とありますが、その理由（りゆう）を、文しょうから一文でさがし、はじめの四字を書きなさい。 [15点]

　[　　　　]

③ なぜ長いあいだくさらないのですか。その番号（ばんごう）をえらんで書いて、その理由を書きましょう。 [15点]

　[　　　　　]

　[15点]

[50点]

1 次の文章を読んで、問題に答えましょう。【50点】

地球には「重力」があります。人間や物や空気、地球にあるもの全てを、地球に引きつける力です。□地球上でボールを投げれば、かならず地面に落ちますね。

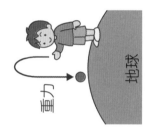

地球　重力

この重力は、地球を回っているうちゅう船にもかかっています。うちゅう船も、中にいる人や物も、みんな重力に引っぱられているのです。

ところが、うちゅう船の中の人や物は落ちてきません。ボールを投げても、ういたまま落ちません。

「うちゅうではどうしてからだがうくの?」
『まんが10分 なぜ? どうして? 科学のお話 3年生』(学研プラス) より

① 地球の「重力」とは、どんな力ですか。(20点)

● 人間や物や空気など、地球にあるもの全てを

（　　　　　　　　　　　　）力。

② □に入る言葉を次からえらんで、記号を○でかこみましょう。(10点)

ア しかし　イ だから
ウ ただし

□の前の文には、□をふくむ文の理由が書かれているね。

③ 「中にいる人や物」というのは、どこの中にいるのですか。(20点)

●（　　　　　　　　　　　）の中。

2 次の文章を読んで、問題に答えましょう。

〈科学のおはなし『科学研究のふしぎ３年生』より〉

地球が物を引っ張る力を「重力」、回っているものが外の方向に引っ張られる力を「遠心力」とよびます。

地球のまわりを回っている船は、地球が物を引っ張る「重力」によって引きつけられていますが、回っているので「遠心力」で外の方向にも引っ張られます。この「重力」と「遠心力」がつり合っているので、船は地球のまわりを回っていられるのです。

このように、船は外側に飛んでいこうとする力と、地球の中心に引きつけられる力のつり合いのため、コースを曲がって進むことになり、地球のまわりを回っていられるのです。

遠心力が重力より大きくなると、船は外側に飛んでいってしまいます。

この「重力」と「遠心力」がつり合うとき、船の中で体が重力を感じなくなるのです。

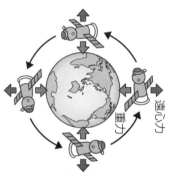

遠心力・重力

（図：地球のまわりを回る人工衛星と、外向きの「遠心力」、中心向きの「重力」）

① ──「このように」は、（ア）何を指していますか。（イ）どういう様子を指していますか。文章中の言葉を使って書きましょう。[一つ10点][20点]

（ア）（　　　　　　　　　）
（イ）（　　　　　　　　　）

② 「遠心力」の身近な例をあげて、「遠心力」を一文で書き出しましょう。はじめの四字を書きましょう。[20点]

| | | | |

③ 「重力」とは、どういう力ですか。「船の中で体が、〜から。」という形で書きましょう。[10点]

（
　重力とは、船の中で体が
　　　　　　　　　　　から。
）

[50点]

1 次の詩を読んで、問題に答えましょう。 【50点】

　　　チョウチョウ

　　　　　　　まど・みちお

チョウチョウは
ねむる とき
はねを たたんで ねむります

㋐だれの じゃまにも ならない
あんなに 小さな 虫なのに
それが また
㋑はんぶんに なって

だれだって それを見ますと
㋒せかいじゅうに
しーん と
めくばせ したくなります

どんなに かすかな もの音でも
チョウチョウの ねむりを
やぶりは しないかと…

*めくばせ…目と目で合図をしあうこと。

(「まど・みちお全詩集」〈理論社〉より)

① ――㋐には、どんな気持ちが表れていますか。記号を○でかこみましょう。(10点)

ア おこっている気持ち。

イ からかっている気持ち。

ウ やさしく思いやる気持ち。

② ――㋑は、何がどうしている様子ですか。詩の中から書き出しましょう。(20点)

● チョウチョウが

（　　　　　　　　）

ねむる様子。

③ ――㋒のようにしたくなるのは、なぜですか。(20点)

「しーん」に
ちゅう目しよう。

2 次（つぎ）の詩を読んで、問題（もんだい）に答えましょう。 【50点】

はなのうた

おひさまこっち
みんなこっちと
てをのばす
みどりのはっぱ
あさのなかで

<u>おひさまこっち</u>
みんなこっちと
ねむりから
めざめてくるよ

ねえ おひさま
あおぞらのなかで
きらきら
ひかってる
<u>みらいのひかり</u>

おおぞらのなかで
おおきくのびて
はなはなは
さいていく

ねがいごとして
てをつないでる
しずくのつぶが
きらきら ひかる

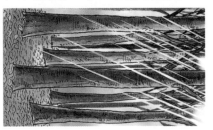

工藤直子「のはらうた〈童話〉」より

① この詩の作者（さくしゃ）の名前（なまえ）は、何ですか。 [10点]
（　　　　　　　　　　　　　　）

② 「おひさまこっち」は、「こっち」は、どこのことだと思いますか。 [10点][20点]
　　（　　　　）の中の（　　　　）。

③ 「<u>みらいのひかり</u>」は、どのような光ですか。記号を○でかこみましょう。 [5点]
　ア とおくからくる強い光。
　イ やわらかいほのかな光。
　ウ するどくてまぶしい光。

④ 「<u>へ</u>」は「今、「ふっている」と思いますか。 [5点]
（　　　　　　　　　　　　　　）

かんさつ文・しょうかい文の書き方

1 下のかんさつカードを見て、右のかんさつ文の（　）に、ひまわりの花の様子を書き入れ、文章をかんせいさせましょう。

1つ10点【50点】

〈かんさつカード〉

ひまわりの かんさつ	8月7日　金曜日
天気	（晴れ）

大きな花は、
2しゅるいの花から
できている。

したのような形
の花。
虫を引きつける
かざりの役目。

ふつうのような小さな花が
びっしり。
外側から内側にさく。

30cm
くらい

〈かんさつ文〉

①（　　　　　）のかんさつ

今日は、ひまわりの花のかんさつを
しました。

ひまわりの大きな花は、
②（　　　　　）くらいの大きさで、
③（　　　　　）からできて
います。

　　　　　　　　の
まわりの花は④（　　　　　）
ような形をしていて、虫を引きつ
けるかざりの役目をするそうです。
中心部は⑤（　　　　　）
がびっしり生えていて、外側から
内側に向かってさきます。

71

［50点］

（　ア　）

まず、うめの実をよく洗って、ヘタを竹ぐしなどで取ります。たっぷりの水につけて、一日ぐらい、水をかえながら、うめのあくをぬきます。

（　イ　）

石やびんなど、ちょうどいい大きさのおもしをして、水があがってくるまでおいておきます。

（　ウ　）

そのようなうめを大きなたるに入れてから、落としぶたをして、皮やなどが切れてきます。三日ほど、水を取りながら水をかえておきます。

それから、太陽に当ててほします。

---

① この作文全体で話題にしているのは、何でしょう。（20点）

（　　　　　　　　　　　）

② （ア）～（ウ）にあてはまるのは、どれでしょう。...を表す言葉を考えて書きましょう。

（1つ10点/30点）

ア（　　　　　　　）

イ（　　　　　　　）

ウ（　　　　　　　）

1 次の手紙は、れんさんが親せきのおばさんに書いた、学習発表会へのしょうたいの手紙です。これを読んで、あとの問題に答えましょう。

〔一つ25点【50点】〕

おばさんく

あす九月十九日（土）、ぼくが通う小学校の体育館で、学習発表会が行われます。

ぼくたち三年一組の「うらしまたろう」は、午前十一時に始まります。ぼくは、かめをいじめる子どもと、りゅうぐうじょうの魚の二役をします。子どもの役は、せりふが三つあるので、一生けんめい練習しています。

ぜひ、 □□□□□□□□ 。

森田れん

① れんさんが、一生けんめい練習しているのは、何の役ですか。
（　　　　　　　　　　　　　）

② □□□にあてはまる、おばさんに来てほしいという気持ちを表す言葉を考えて書きましょう。
（　　　　　　　　　　　　　）

手紙の書き方も、ばっちりだね！

2 次の手紙を読んで、あとの問題に答えましょう。【50点】

おばあちゃん、お元気ですか。

十月十日（土）に、わたしたちの小学校で運動会があります。午前九時から、わたしたちは元気に走ると思います。

わたしは毎日、そのために、バトンタッチの練習をしています。それに、リレーのせん手にもえらばれました。

おばあちゃんも、ぜひそのようすを見に来てください。

九月十五日

星山ゆい（ほしやま）

① この手紙は、だれに、どんな行事をお知らせしたものですか。（1つ15点 30点）

・だれに（　　　　　　　　）

・行事（　　　　　　　　）

手紙は、だれに、何を書くのかを考えてね。

② 書いた人の気持ちがわかる一文の、はじめの四字を書き出しましょう。（20点）

1 アルファベットのふく習① / 大文字

月　日　10分

とく点

点

1 音声を聞き，読まれたほうのアルファベットを○でかこみましょう。

1つ4点【16点】

① G D

② N H

③ E C

④ Q U

2 音声を聞き，読まれたアルファベットを大文字で書きましょう。

1つ5点【20点】

①　　　②　　　③　　　④

3 音声を聞き，読まれたアルファベットを線でたどってゴールしましょう。

【12点】

75

4 アルファベットのじゅんになるように，▢に大文字を書きましょう。

1つ10点【40点】

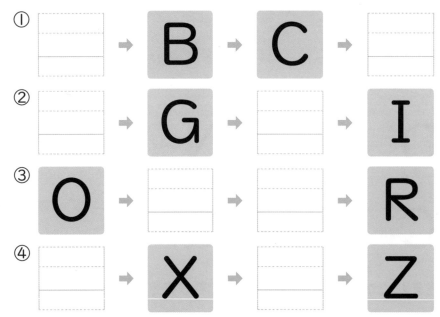

① ▢ → B → C → ▢

② ▢ → G → ▢ → I

③ O → ▢ → ▢ → R

④ ▢ → X → ▢ → Z

5 AからZまでアルファベットのじゅんにたどって，ゴールしましょう。ただし，ななめには進めません。

【12点】

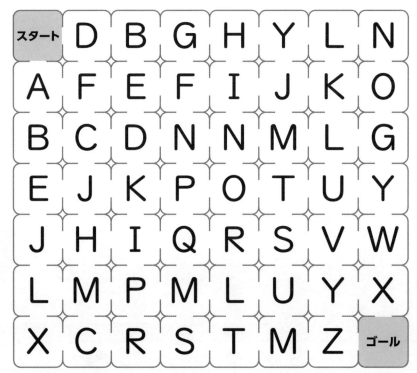

アルファベットの読み方もおぼえようね！

答え ▶ 129ページ

2 アルファベットのふく習② / 小文字

月　日　10分

とく点

点

---

1 音声を聞き，読まれたほうのアルファベットを〇でかこみましょう。

1つ4点【16点】

① k a

② s f

③ h n

④ t e

---

2 音声を聞き，読まれたアルファベットを小文字で書きましょう。

1つ5点【20点】

① ② ③ ④

---

3 音声を聞き，読まれたアルファベットを線でたどってゴールしましょう。

【12点】

4 アルファベットのじゅんになるように，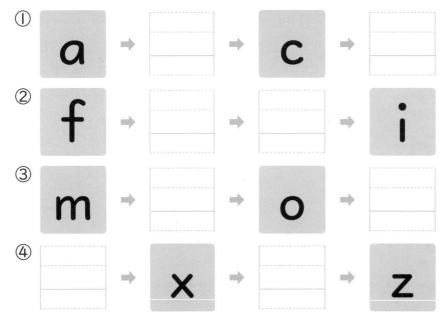に小文字を書きましょう。

1つ10点【40点】

① a → □ → c → □

② f → □ → □ → i

③ m → □ → o → □

④ □ → x → □ → z

5 a から z までアルファベットのじゅんにたどって，ゴールしましょう。ただし，ななめには進めません。

【12点】

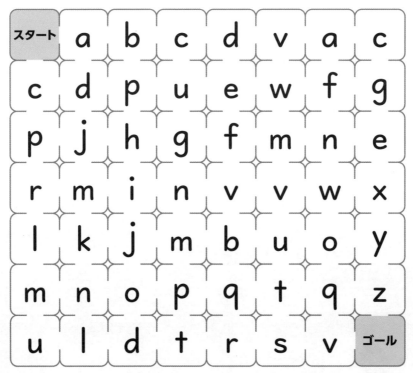

アルファベットのじゅんじょはかならずおぼえようね！

答え ▶ 129ページ

3 こんにちは／いろいろなあいさつ

月　日　10分
とく点

点

1 音声を聞き，声に出して読みながらなぞりましょう。そのあと，下に書いてみましょう。

♪7

1つ10点【20点】

① こんにちは。わたしはリサです。

Hello. I'm Lisa.

★ I'm 〜. は「わたしは〜です」という意味です。

② やあ。わたしはケンタです。

Hi. I'm Kenta.

★ Hello. と Hi. は朝・昼・夕方のいつでも使えるあいさつです。

2 音声を聞き，読まれた英文に合うものを右の ▭ の中からえらんで，▭ に書きましょう。

♪8

1つ10点【30点】

① さようなら。

② またね。

③ こんにちは。

| Hello. |
| Goodbye. |
| See you. |

3 音声で，アとイの英文を聞き，場面に合うほうをえらんで，記号を
〇でかこみましょう。　　　　　　　　　　　　　　　　　1つ5点【10点】

① （　ア　イ　）　　　　　　　② （　ア　イ　）

4 英文の意味を右からえらんで，● と ● を線でつなぎましょう。　1つ5点【20点】

① Hello. ●　　　　　　● またね。

② Goodbye. ●　　　　　● こんにちは。

③ See you. ●　　　　　● わたしはユウタです。

④ I'm Yuta. ●　　　　　● さようなら。

5 絵の人物になったつもりで，英語であいさつをしましょう。日本語に合う
ように，□ に英語を書き入れましょう。　　　　　　　1つ10点【20点】

① こんにちは。わたしはカナです。

Hello. ＿＿＿＿＿＿ Kana.

②
またね。

See ＿＿＿＿＿＿ .

友だちとも英語であいさつしてみよう。

答え ▶ 130ページ

4 ごきげんいかがですか？／気分・調子

1 音声を聞き，声に出して読みながらなぞりましょう。そのあと，下に書いてみましょう。

1つ10点【20点】　🎵10

① ごきげんいかがですか。

How are you?

★気分や調子をたずねるときに使います。

② わたしは元気です。

I'm fine.

★I'm は I am を短くした形です。

2 音声を聞き，音声に合う英文にしましょう。あてはまる英語を右の▢の中からえらんで，▢に書き入れましょう。

1つ8点【32点】　🎵11

① わたしはとても元気です。

I'm　　　　　　　　.

② わたしは悲しいです。

I'm　　　　　　　　.

③ わたしはねむいです。

I'm　　　　　　　　.

④ わたしはつかれています。

I'm　　　　　　　　.

tired

great

sad

sleepy

3 音声を聞き，読まれた単語に合う絵を下のア〜ウからえらんで，記号を（　）に書きましょう。

1つ4点【12点】

① （　　　）　　② （　　　）　　③ （　　　）

ア　　　　　　　　　　　イ　　　　　　　　　　　ウ

4 女の子はどんな気分ですか。①と②の日本語を英語にしましょう。そして，□にできた単語を□に書きましょう。

1つ6点【18点】

① つかれた　　t [f] [ ] [ ] d

② ねむい　　s [ ] [n] [ ] p y

③

I'm _____ .

5 日本語に合う英文になるように，□にあてはまる英語を書き入れましょう。

1つ9点【18点】

①

ごきげんいかがですか。

_____ are you?

②

わたしはうれしいです。

I'm _____ .

今はどんな気分かな？ 英語で言ってみよう！

答え ▶ 130ページ

5 これは何ですか？／動物

1 音声を聞き，声に出して読みながらなぞりましょう。そのあと，下に書いてみましょう。

1つ10点【20点】　🎵13

① これは何ですか。

What's this?

★「何ですか?」とたずねるときは，What を使います。

② （それは）パンダです。

It's a panda.

★ It's のあとに，具体的なものの名前を入れます。

2 音声を聞き，読まれた英語に合うものを右の◻️の中からえらんで，◻️に書きましょう。

1つ8点【32点】　🎵14

① くま

② ねこ

③ 魚

④ 鳥

cat
fish
bear
bird

3 音声を聞き，読まれたじゅんになるように，ア～エのイラストをならべかえて，（　　）に記号を書きましょう。

1つ5点【20点】

（　　　→　　　　→　　　　→　　　　）

ア　　　　　　　イ　　　　　　ウ　　　　　　エ

4 [　　　]のアルファベットをならべかえて，日本語を英語にしましょう。

1つ7点【14点】

① うさぎ

[b, a, i, t, r, b]

② コアラ

[a, a, k, o, l]

5 日本語に合う英文になるように，▢▢にあてはまる英語を書き入れましょう。

1つ7点【14点】

① これは何ですか。

What's _____?

② （それは）犬です。

It's a _____.

いろいろな動物を英語で言えるようになったね！

答え ▶ 130ページ

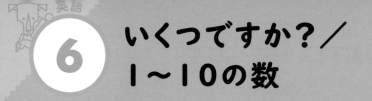

6 いくつですか？／ 1〜10の数

月　　日

10分

とく点

点

1 音声を聞き，声に出して読みながらなぞりましょう。そのあと，下に書いてみましょう。

1つ9点【18点】　🎵16

① えんぴつは何本ですか。

How many pencils?

★「いくつですか？」と数をたずねるときは，How many を使います。

② えんぴつは8本です。

Eight pencils.

★ How many 〜? には数を答えます。

2 音声を聞き，読まれた英語に合うものを右の◯◯◯の中からえらんで，◯◯◯に書きましょう。

1つ8点【32点】　🎵17

① 10

② 1

③ 2

④ 9

| nine |
| ten |
| two |
| one |

3 音声を聞き，読まれた数に合う数字をえらんで，〇でかこみましょう。

1つ4点【16点】

① 9 5   ② 3 2

③ 8 7   ④ 1 10

4 野菜（やさい）の数に合う英語（えいご）を下からえらんで，線でつなぎましょう。 1つ4点【16点】

①   ②   ③   ④

●   ●   ●   ●

six   three   five   four

5 日本語に合う英文になるように， ▭ にあてはまる英語を書き入れましょう。

1つ9点【18点】

①

ねこは何びきいますか。

How ▭ cats?

②

ねこは9ひきいます。

▭ cats.

身の回りにあるものを，英語で数えてみよう！

答え ▶ 131ページ

7 サッカーがすきですか？／スポーツ・色

月　日　10分

とく点　　　　　点

1 音声を聞き，声に出して読みながらなぞりましょう。そのあと，下に書いてみましょう。　　　　　　　　　　　　　　　1つ10点【20点】　19

① あなたはサッカーがすきですか。

Do you like soccer?

★「わたしはサッカーがすきです。」なら，I like soccer. と言います。

② はい，すきです。

Yes, I do.

★すきではない場合は，No, I don't. と答えます。

2 音声を聞き，読まれた英語に合うものを右の◯◯の中からえらんで，◯◯に書きましょう。　　　　　　　　　　　　1つ8点【32点】　20

① 青色

② 緑色（みどり）

③ 野球（やきゅう）

④ バスケットボール

baseball
green
blue
basketball

3 音声で，それぞれの絵について，アとイの英文が読まれます。絵に
合うほうをえらんで，記号を○でかこみましょう。　1つ4点【12点】

① （ ア　イ ）　　② （ ア　イ ）　　③ （ ア　イ ）

4 （れい）にならって，①〜④の日本語に合う単語をたてまたは横でさがし，
⬭でかこみましょう。　1つ5点【20点】

（れい）ねこ

① 野球

③ サッカー

（れい）

c	a	t	j	e	q	b	z
b	a	s	e	b	a	l	l
t	r	m	n	v	p	u	q
g	e	s	o	c	c	e	r
k	d	d	f	v	u	x	w

② 赤色

④ 青色

5 日本語に合う英文になるように，▢にあてはまる英語を書き入れましょ
う。　1つ8点【16点】

①
あなたは緑色がすきですか。

Do you like ⬭ ?

②

いいえ，すきではありません。

⬭ , I don't.

友だちにすきかどうかをたずねて，もっとなかよくなろう！

答え ▶ 131ページ

① 学校のまわり

1 まちたんけんについて，次の問いに答えましょう。　③10点，ほかは1つ8点【34点】

① まちたんけんをするときに，調べたことを記ろくする道具としてまちがっているものを，次のア〜エから1つ選び，記号で答えましょう。

ア 　イ 　ウ 　エ

（　　　　）

② 方位じしんの使い方として正しいものを，次のア〜エから1つ選び，記号で答えましょう。

ア 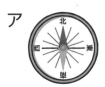　イ 　ウ 　エ

（　　　　）

③ 次のア〜エの文は，まちたんけんの調べ方についてのべたものです。これらの文を，正しいじゅん番になるように記号をならべかえましょう。

ア　歩いてかんさつし，気づいたことを記ろくする。

イ　たんけんして調べてみたいことをみんなで話し合う。

ウ　たんけんするコースを決めて，白地図にかき入れる。

エ　絵地図にまとめる。　　（　　　→　　　→　　　→　　　）

④ まちたんけんで調べるとよいこととしてまちがっているものを，次のア〜エから1つ選び，記号で答えましょう。

ア　古くからのこるたて物や公共しせつが多いのはどこか。

イ　土地の高いところやひくいところには，どんなものがあるか。

ウ　田畑や工場など，土地がどんな使われ方をしているか。

エ　走っている電車がどんな色や形をしているか。

（　　　　）

2 公共しせつについて，次の問いに答えましょう。　1つ8点【16点】

① 公共しせつとは，どんなところですか。次の文の□□□□□にあてはまる
言葉を答えましょう。

◇ 公共しせつは，□□□□□□□□□□につくられたたて物や場所のこと
で，大切にりようしなくてはいけない。　（　　　　　　　）

② 次のア〜エから公共しせつではないものを1つ選び，記号で答えましょう。
ア　じどう館　　イ　工場　　ウ　小学校　　エ　公園　（　　　　　）

3 地図のきまりについて，次の問いに答えましょう。①1つ6点，ほかは1つ7点【50点】

① 次のあ〜かの地図記号は，何を表していますか。（　　　）の文を参考
にして，下のア〜カから1つずつ選び，記号で答えましょう。

あ 文（「文」の文字の形）　　い Ψ（昔に使われていた消ぼうの道具）

う 开（とりいの形）　　え ✕（けいぼうがあわさった形）

お 📖（本を開いた形）　　か 仚（たて物の中につえの形）

　　ア　消ぼうしょ　　イ　交番　　ウ　老人ホーム
　　エ　図書館　　オ　神社　　カ　学校（小・中学校）

あ（　　　　）　い（　　　　）　う（　　　　）

え（　　　　）　お（　　　　）　か（　　　　）

② 地図の中にある，右のような記号は方位をしめしていま
す。矢印の指す方向が，どの方位であることをしめしてい
ますか。　（　　　　　　　）

③ 地図の中にある，右のようなものをせつめいした
次の文の□□□□□にあてはまる言葉を答えましょう。

0 —————— 100m

◇ じっさいの□□□□□を表すものさしである。

（　　　　　　　）

これでまちたんけんの進め方はばっちりだね！

答え ▶ 132ページ

② 市の様子

1 右の市の地図を見て，次の問いに答えましょう。　③10点，ほかは1つ9点【28点】

① 市の北がわを，西から東に向かって流れる川の名前を答えましょう。
（　　　　　　　　）

② 土地が高くなっているのは，市の東のほうですか。それとも西のほうですか。　（　　　　　　　）

③ あの地いきには，外国のとくちょうを取り入れた古いたて物が多くのこっています。その理由をのべた次の文の□□□□□にあてはまる言葉を答えましょう。

◇ 近くの港が開かれたあと，外国との交流がさかんになって，たくさんの□□□□□が住むようになったから。　（　　　　　　　　）

0　　5km

鶴見川

帷子川

境川

大岡川

柏尾川

あ

東京湾

■ 高いところ
□ 少し高いところ
■ ひくいところ

2 市の様子調べについて，次の問いに答えましょう。　1つ9点【18点】

① 次のア～エのうち，人口が多い市の大きな駅のまわりにはあまりみられないものを1つ選び，記号で答えましょう。

ア 大きなデパート　　イ 田や畑
ウ バスターミナル　　エ 地下の商店街　　（　　　　　　）

② 市役所の仕事を次のア～ウから1つ選び，記号で答えましょう。

ア 市のかんこうや産業，市民のくらしにかかわることなどをあつかう。
イ 市民が読みたい本やききたいCDなどをそろえる。
ウ 絵やちょうこくなどの作品を集めててんじする。　　（　　　　　　）

3 次の市の地図を見て，あとの問いに答えましょう。

1つ9点【54点】

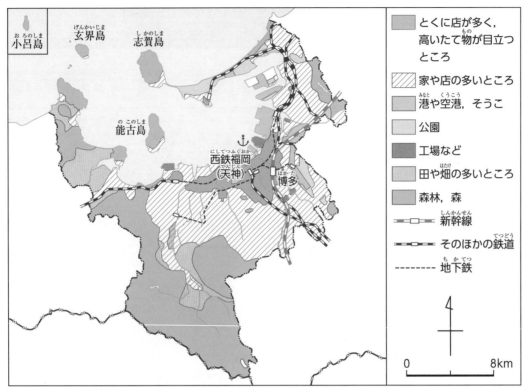

① 次のあ～えのうち，地図からわかることとして正しいものには○を，まちがっているものには×をつけましょう。

あ（　　　）市の東がわを南北に新幹線が通っている。

い（　　　）博多駅や天神駅のまわりには，高いたて物が集まっている。

う（　　　）島がいくつかあり，玄界島は市の北東の沖にある。

え（　　　）市の西がわに田や畑が広がっている。

② 港のまわりには，大きな工場がみられます。その理由を次のア～エから2つ選び，記号で答えましょう。

ア　海ぞいはすずしくて，工場ではたらく人がはたらきやすいから。

イ　海をうめ立てて，工場をたてるための土地をつくったから。

ウ　工場は海ぞいにしかつくれないきまりだから。

エ　たくさんの荷物を船で運ぶのにべんりだから。（　　　）（　　　）

市の中にはいろんなところがあるんだね！

答え ▶ 132ページ

3 店ではたらく人

1 スーパーマーケットについて，次の問いに答えましょう。　1つ6点【48点】

① 右のあ～えの絵は，スーパーマーケットではたらいている人の様子です。それぞれ何をしているところですか。次のア～エから1つずつ選び，記号で答えましょう。

ア　品物を見やすくならべている。

イ　品物のねだんを計算している。

ウ　やさいをいろいろな大きさに切り，売り場に出している。

エ　品物の売れぐあいを調べて，注文する数を決めている。

　　あ（　　　　）い（　　　　）う（　　　　）え（　　　　）

② 次のあ～うの写真は，お客さんのどんなねがいにこたえるためのものですか。下のア～ウから1つずつ選び，記号で答えましょう。

(大塚智則/PPS通信社)

(ピクスタ)

(ピクスタ)

ア　車で行って，まとめて買い物がしたい。

イ　つくった人がわかる，安心で安全なくだものを食べたい。

ウ　ほしい品物のねだんが少しでも安い日に買い物がしたい。

　　あ（　　　　）い（　　　　）う（　　　　）

③ やさいやくだもの，肉や魚などの，とれた場所やつくられた場所のことを何といいますか。　　　　　　　　　　　　　　　（　　　　　　　　）

2 スーパーマーケットの取り組みやくふうについて，次の問いに答えましょう。

1つ8点【24点】

① 右の写真は，ごみをへらすための取り組みの1つです。これについてのべた次の文の ☐☐☐☐☐ にきょうつうしてあてはまる言葉を，カタカナ5文字で答えましょう。

(時事通信フォト)

◇ 写真は ☐☐☐☐☐ コーナーで，使い終わった牛にゅうパックやペットボトルを集めて， ☐☐☐☐☐ している。

（　　　　　　　　　）

② スーパーマーケットの取り組みやくふうとして<u>まちがっているもの</u>を，次のア～エから2つ選び，記号で答えましょう。

ア　かんばんはじゃまになるので，まったくつくっていない。

イ　コンシェルジュという係の人が買い物のそうだんにのっている。

ウ　体が不自由な人のために，車いすをかし出している。

エ　かならずお客さんにレジぶくろをわたすようにしている。

（　　　　）（　　　　）

3 次の①～④の店のとくちょうとしてあてはまるものを，下のア～エから1つずつ選び，記号で答えましょう。

1つ7点【28点】

① 大きなスーパーマーケット　　② 近くの八百屋さん

③ コンビニエンスストア　　　　④ ショッピングセンター

ア　店の人が顔見知りで，料理のしかたを教えてくれることがある。

イ　いろいろなせんもん店が集まり，家族みんなで楽しくすごせる。

ウ　品物のしゅるいがほうふで，ちらしで安い品物を知ることができる。

エ　夜おそくでも開いていて，電気代のしはらいなどもできる。

①（　　　　）②（　　　　）③（　　　　）④（　　　　）

みんながよく買い物に行く店はどこかな？

答え ▶ 132ページ

④ ものをつくる人

月　　日　10 分
とく点

点

1 あまおう（いちご）づくりについて，次の問いに答えましょう。 1つ8点【48点】

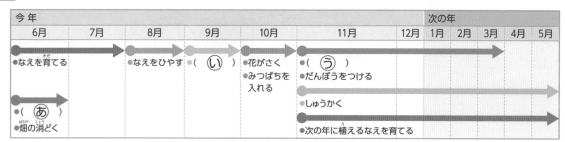

今年									次の年			
6月	7月	8月	9月	10月	11月		12月	1月	2月	3月	4月	5月

●なえを育てる
●なえをひやす　●（ い ）　●花がさく　●（ う ）
　　　　　　　　　　　　　　　　　　　　　●みつばちを　●だんぼうをつける
　　　　　　　　　　　　　　　　　　　　　　入れる
●（ あ ）
●畑の消どく
　　　　　　　　　　　　　　　　　　　　●しゅうかく
　　　　　　　　　　　　　　　　　　　●次の年に植えるなえを育てる

① 上のカレンダーの㋑～㋒の時期にあてはまるあまおうづくりの作業を，次のア～ウから1つずつ選び，記号で答えましょう。

　ア　なえを植える　　イ　電しょうをする　　ウ　土づくり

　　　　　　　　　　　あ（　　　　　）　い（　　　　　）　う（　　　　　）

② 上のカレンダーにある「みつばちを入れる」理由についてのべた次の文の　　　　　にあてはまる言葉を答えましょう。　　　　　　（　　　　　　　　）

　◇　みつばちが　　　　　を花から花へ運んで，実がなるようにするため。

③ もともと春に実をつけるいちごを，冬にしゅうかくできるようにくふうしている理由を，次のア～ウから1つ選び，記号で答えましょう。

　ア　いちごは冬にたくさん売れるから。

　イ　おいしいうちに全国に運べるのは冬だけだから。

　ウ　いちごは冬にしか売ってはいけないきまりがあるから。　　（　　　　　　）

④ しゅうかくされたいちごは，右の写真のような場所に送られます。写真のような場所を何といいますか。次のア～エから1つ選び，記号で答えましょう。

　ア　スーパーマーケット　　　イ　八百屋
　ウ　中央卸売（青果）市場　　エ　直売所

　　　　　　　　　（　　　　　　）

(Issey Hattori/PPS通信社)

2 おかし工場について，次の問いに答えましょう。　①1つ6点，ほかは1つ5点【34点】

① 右のあ～えの絵は，おかしづくりの作業です。それぞれ何の作業ですか。次のア～エから1つずつ選び，□に記号を書き入れましょう。

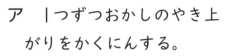
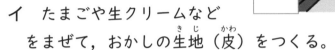
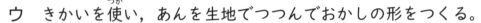

ア　1つずつおかしのやき上がりをかくにんする。

イ　たまごや生クリームなどをまぜて，おかしの生地（皮）をつくる。

ウ　きかいを使い，あんを生地でつつんでおかしの形をつくる。

エ　手作業でおかしを箱につめる。

② おかし工場ではたらく人は，①の絵のように白い服とぼうしを身につけています。これは何に気をつけているからですか。（　　　　　　　）

③ おかしなどの食べ物をつくるときに，そのもとになる材料を何といいますか。漢字2文字で答えましょう。

（　　　　　　　）

3 しゅうまい工場ではたらく人について，次の①～③の人の仕事を下のア～ウから1つずつ選び，記号で答えましょう。　　　1つ6点【18点】

① 研究室ではたらく人　　② トラックを運転する人

③ 事務室ではたらく人

ア　店からの注文をまとめて，工場でつくるしゅうまいの数を決める。

イ　せい品（しゅうまい）を直営店などに運ぶ。

ウ　味つけをかえたりして，新しいしゅるいのしゅうまいを開発する。

①（　　　　）　②（　　　　）　③（　　　　）

農家や工場の人はいろんなくふうをしているんだね！

答え ▶ 132ページ

1 次の図は，火事が起きたときのれんらくの流れです。これを見て，あとの問いに答えましょう。

①6点，ほかは1つ8点【46点】

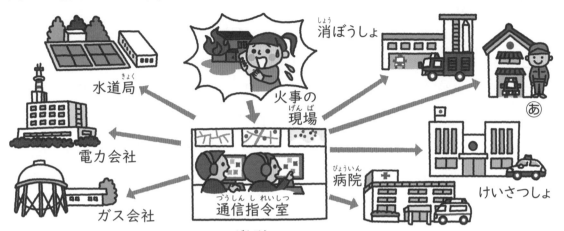

① 火事を知らせるときの電話番号は何番ですか。　（　　　　　　番）

② ①にかけた電話はどこにつながりますか。図の中から選んで答えましょう。

（　　　　　　　　　）

③ 火事の知らせを受けた②は，次の⑳〜㋒のことをどこにれんらくしますか。それぞれ図の中から選んで答えましょう。
　⑳ 交通じゅうたいが発生しているので，車と人の整理をしてください。

（　　　　　　　　　）

　㋑ 火事の現場の水圧を上げてください。　（　　　　　　　　　）
　㋒ けが人を運ぶので，そのためのじゅんびをしてください。

（　　　　　　　　　）

④ 図の中の⑧の人たちを何といいますか。⑧の人たちについてのべた次の文を参考に答えましょう。
　◇ ⑧は地いきの人たちでつくる組織で，火事が起きたときは消ぼうしょと協力して，消火活動を行う。

（　　　　　　　　　）

2 消ぼうしょの人の仕事の様子や消ぼうだんの活動について，次の問いに答えましょう。

1つ6点【36点】

① 火事が起きていないときの消ぼうしょの人の仕事の様子として正しいものを，次のア～カから3つ選び，記号で答えましょう。

ア まちに出て，交通いはんの取りしまりをしている。

イ 役所につとめて，まちづくりの仕事をしている。

ウ 消ぼう自動車や器具の点けんをしている。

エ 消火や救助のくんれんをしている。

オ 夜は消ぼうしょが休みで，消ぼうしょの人はみんな家に帰っている。

カ いつ火事が起きてもかけつけられるように交代ではたらいている。

（　　　　）（　　　　）（　　　　）

② 次のあ～うのうち，消ぼうだんの活動として正しいものには○を，まちがっているものには×をつけましょう。

あ（　　　　）消火せんなどのまちの消ぼうしせつをつくっている。

い（　　　　）市民ぼうさいくんれんを開いている。

う（　　　　）地いきを回って，ぼう火をよびかけている。

3 次の①～③の写真は学校の消ぼうせつびです。それぞれどんな役わりがありますか。下のア～ウから1つずつ選び，記号で答えましょう。　1つ6点【18点】

①
（時事通信フォト）

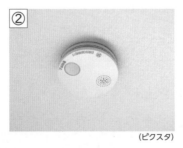
②
（ピクスタ）

③
（ピクスタ）

ア 火事がほかの階に広がるのをふせぐ。　　イ 水をたくさん出す。

ウ 熱を感知し，火事が起きたことを知らせる。

①（　　　　）②（　　　　）③（　　　　）

学校の消ぼうせつびをさがしてみよう！

答え ▶ 133ページ

社会

6 事故や事件から
くらしを守る

月　日　10分

とく点

点

1 次の①～③の写真は、けいさつの人がどんな仕事をしているところですか。下のア～ウから1つずつ選び、記号で答えましょう。　1つ6点【18点】

①
(ピクスタ)

②
(ピクスタ)

③　あぶない!!　とびだし
(ピクスタ)

ア　学校で交通安全教室を開き、交通ルールなどを教えている。

イ　スピードの出しすぎなど、交通いはんの取りしまりをしている。

ウ　目的地までの道あんないをしている。

①（　　　）②（　　　）③（　　　）

2 安全なまちづくりについて、次の問いに答えましょう。　1つ7点【28点】

① 右の写真のブロックはどんな役わりをはたしていますか。次の文のあといにあてはまる言葉を答えましょう。

◇　| あ |　の不自由な人が、安全に道を歩くことができるようにつくられたもので、| い |　ブロックとよばれる。

(ピクスタ)

あ（　　　　　　　）　い（　　　　　　　）

② 次のあ、いのうち、安全なまちづくりのための地いきの取り組みとして正しいものには〇を、まちがっているものには×をつけましょう。

あ（　　　）子どもたちが、けいさつの人といっしょにまちのパトロールなどを行う、こども110番の取り組みが進められている。

い（　　　）地いきの安全な場所やあぶない場所をしめした安全マップがつくられている。

3 次の図は，交通事故が起きたときのれんらくの流れです。これを見て，あとの問いに答えましょう。

①5点，ほかは1つ7点【54点】

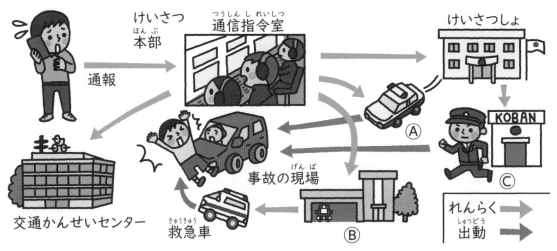

① 交通事故を通報するときの電話番号は何番ですか。 （　　　　　番）

② 次のあ，いのうち，交通事故を通報するときに大切なこととして，正しいものには○を，まちがっているものには×をつけましょう。

あ（　　　　）事故の様子を記ろくする写真をとって，いっしょに送る。

い（　　　　）落ちついて，事故の場所などを正かくにつたえる。

③ 図中のⒶ～Ⓒにあてはまるものを，次のア～ウから1つずつ選び，記号で答えましょう。

ア　消ぼうしょ　　イ　交番　　ウ　パトロールカー

Ⓐ（　　　　）　Ⓑ（　　　　）　Ⓒ（　　　　）

④ けいさつの人が事故の現場でする仕事を，次のア～ウから2つ選び，記号で答えましょう。

ア　べつの事故が起きないように，交通整理などをする。

イ　事故を見た人の話を聞くなどして，事故の原因を調べる。

ウ　けがをした人を病院に運ぶ。

（　　　　）（　　　　）

事故にあわないように交通ルールを守ろうね！

答え ▶ 133ページ

⑦ 市のうつりかわり

1 次の地図は，市の昔と今の様子をまとめたものです。これを見て，あとの問いに答えましょう。

③8点，ほかは1つ7点【50点】

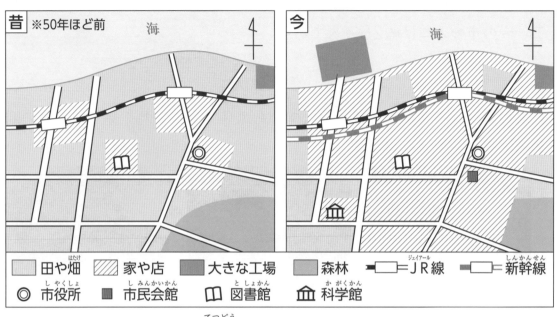

① 昔はなくて，今はある鉄道は何ですか。

（　　　　　　　　　）

② 次の㋐〜㋔のうち，昔と今の土地の使われ方や公共しせつについて，正しいものには○を，まちがっているものには×をつけましょう。

㋐（　　　）家や店の多いところは今より昔のほうが広かった。

㋑（　　　）昔からある公共しせつは科学館と市役所である。

㋒（　　　）海をうめ立ててつくった土地に工場ができた。

㋓（　　　）新しくできた公共しせつは科学館と市民会館である。

㋔（　　　）森林は今より昔のほうが広かった。

③ 次の文の　　　　　にあてはまる言葉を答えましょう。

◇ 図書館や市役所などのみんながりようする公共しせつは，　　　　　という，みんなが出し合うお金を使ってたてられる。

（　　　　　　　　　）

2 右のグラフからわかることとして正しいものを，次のア～エから2つ選び，記号で答えましょう。　1つ7点【14点】

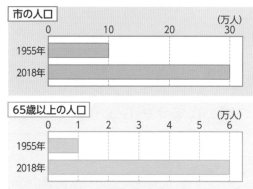

市の人口

	0	10	20	30 (万人)
1955年				
2018年				

65歳以上の人口

| | 0 | 1 | 2 | 3 | 4 | 5 | 6 (万人) |

ア　市の人口と65歳以上の人口は，どちらもふえている。

イ　市の人口は約2倍にふえた。

ウ　65歳以上の人口は約6倍にふえた。

エ　今の市の人口は約25万人である。

（　　　　）（　　　　）

3 次のあ～うの写真は，昔使われていた道具です。これを見て，あとの問いに答えましょう。　1つ6点【36点】

（ピクスタ）

（ピクスタ）

（ピクスタ）

① あ～うは，それぞれ何をするときに使っていた道具ですか。次のア～ウから1つずつ選び，記号で答えましょう。

ア　料理をするとき　　イ　音楽をきくとき　　ウ　せんたくをするとき

あ（　　　　）　い（　　　　）　う（　　　　）

② あ～うと同じ役わりをしている今の道具を，次のア～エから1つずつ選び，記号で答えましょう。

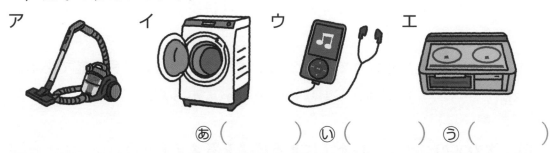

ア　　　　　　イ　　　　　　ウ　　　　　　エ

あ（　　　　）　い（　　　　）　う（　　　　）

昔と今でずいぶん道具がかわったんだね！

答え ▶ 133ページ

① 植物の育ち方①, 植物の体のつくり

理科

月　　日

とく点

点

1 次の絵は，何の植物のたねですか。□の中からあてはまる名前をえらび，（　）に書きましょう。

1つ6点【30点】

① （　　　　　　　　　）

② （　　　　　　　　　）

③ （　　　　　　　　　）

④ （　　　　　　　　　）

⑤ （　　　　　　　　　）

オクラ　　アサガオ
ヒマワリ
ホウセンカ
マリーゴールド

2 ホウセンカのたねのまき方で正しいのはどれですか。（　　　）に○をつけましょう。

【5点】

ア（　　　　　　　）　深さ5cmのあなに，たねを10こ入れる。

イ（　　　　　　　）　深さ15cmのあなに，たねを1こ入れる。

ウ（　　　　　　　）　土の上にまいたたねに，うすく土をかける。

3 下の絵は，ヒマワリの育つようすです。次の問いに答えましょう。

①15点,②10点【25点】

ア　　　　　イ　　　　　ウ　　　　　エ

① 育つじゅんに，記号を書きましょう。

（全部できて15点）

（　　　　→　　　　→　　　　→　　　　）

② さいしょに出てくる葉を何といいますか。　　（　　　　　　　　　）

103

4 植物の体のつくりを調べます。次の問いに答えましょう。　1つ5点【25点】

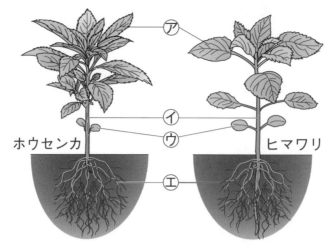

ホウセンカ　　　　ヒマワリ

① 図の⑦，⑦，⑦の部分の名前を書きましょう。

⑦ （　　　　　　　　）　⑦ （　　　　　　　　）　⑦ （　　　　　　　　）

② ⑰は，このままいつまでもついていますか，ついていませんか。

（　　　　　　　　　　　　）

③ ちがうしゅるいの植物も，体は①で答えた部分からできていますか，
できていませんか。　　　　　　　　　　　　（　　　　　　　　　　　　）

5 次の⑦〜⑰の文は，植物の体のどの部分についてのせつ明ですか。「葉」
「くき」「根」の言葉を（　　　）に書きましょう。　　　　1つ5点【15点】

⑦ （　　　　　）　くきから出ていて，土の中で細かく分かれて広がっている。

⑦ （　　　　　）　葉は，この部分についていて，この部分がのびると植物の
　　　　　　　　　　高さが高くなる。

⑰ （　　　　　）　育ってくると大きくなり，数がどんどんふえてくる。

どの植物も葉，くき，根があるね。

答え ▶ 134ページ

1 こん虫の育ち方について，次の問いに答えましょう。①②10点，③1つ4点【40点】

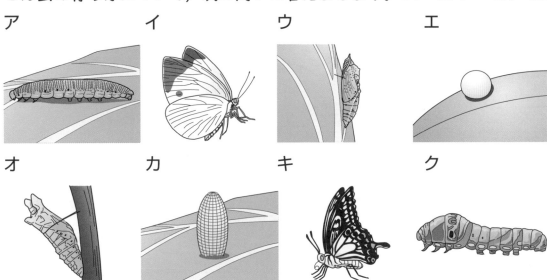

ア　イ　ウ　エ

オ　カ　キ　ク

①　モンシロチョウの育つようすをア〜クから4つえらび，育つじゅんにならべましょう。
(全部できて10点)

（　　　　　→　　　　　→　　　　　→　　　　　）

②　モンシロチョウやアゲハのさなぎのようすについて，正しいものを2つえらび，（　　）に○をつけましょう。
(2つできて10点)

ア（　　　）　さなぎは動いて，いる場所をかえる。

イ（　　　）　さなぎは何も食べず，い動しない。

ウ（　　　）　さなぎは大きくならない。

③　<たまご→よう虫→さなぎ→せい虫>のじゅんに育つこん虫は○，<たまご→よう虫→せい虫>のじゅんに育つこん虫は△を，（　　）につけましょう。

ア（　　　）　アゲハ　　　　イ（　　　）　アブラゼミ

ウ（　　　）　トンボ　　　　エ（　　　）　カブトムシ

オ（　　　）　バッタ

2 こん虫の体のつくりについて，次の問いに答えましょう。

①1つ6点，②1つ5点【45点】

① モンシロチョウのせい虫の体の部分の名前を書きましょう。

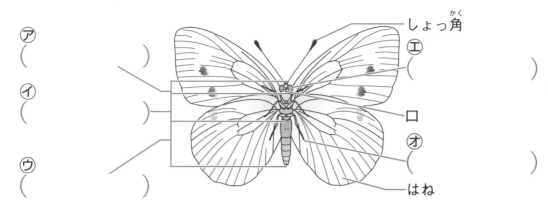

ア（　　　　　　　）

イ（　　　　　　　）

ウ（　　　　　　　）

しょっ角

エ（　　　　　　　）

口

オ（　　　　　　　）

はね

② こん虫の体についての文で，（　　　）にあてはまる言葉を書きましょう。

こん虫の体は頭，むね，（　　　　　　　）の3つの部分に分けられ，

（　　　　　）本のあしとはねは（　　　　　　　）についている。

3 下の絵のア～ウの動物は，体のつくりのちがいから，こん虫とこん虫ではない動物に分けられます。ア～ウから，こん虫ではない動物をえらびましょう。また，えらんだわけを⓪～⓪から2つえらびましょう。

1つ5点【15点】

ア　　　　　　　イ　　　　　　　　ウ

こん虫ではない動物（　　　　　）　えらんだわけ（　　　　）（　　　　）

⓪ 体が頭，むね，はらの3つの部分に分かれていないから。

⓪ あしの数が6本ではないから。

⓪ はねの数が2まいだから。

こん虫の体のつくりをおぼえておこう。

答え ▶ 134ページ

3 植物の育ち方②, 動物のすみか

月　日

とく点

点

1 ヒマワリの|年をかんさつしました。次の文の（　　）にあてはまる言葉を下の◻からえらび, 書きましょう。　　　　　　　　　1つ8点【32点】

㋐　夏にかけて, 葉の数はふえて大きさは大きくなり, （　　　　　　　）はのびて, 太くなっていた。

㋑　夏のはじめには, くきの先には（　　　　　　　）があった。

㋒　秋になると葉はかれ, 花がついていたいちに（　　　　　　　）ができた。

㋓　できたたねを次の春にまくと, また（　　　　　　　）を出した。

葉　　たね　　つぼみ　　くき　　実　　根　　め

2 下の絵は, ホウセンカの育つようすです。次の問いに答えましょう。

①10点, ②12点【22点】

ア　　　　　　イ　　　　　　ウ

エ　　　　　　オ　　　　　　カ

① 育つじゅんに, 記号を書きましょう。　　　　（全部できて10点）

（　　エ　→　　　　→　　　　→　　　　→　　　　→　　　　）

② じゅくしたホウセンカの実を軽くさわってみました。実やたねはどうなりますか。

（　　　　　　　　　　　　　　　　　　　　　　　　　　　）

3 こん虫などの動物は，どんなところをすみかにしているのかを調べます。次の文の〔　　〕から正しい言葉をえらび，〇でかこみましょう。

1つ6点【30点】

① ショウリョウバッタやトノサマバッタは，草むらにいて，

〔　ほかの虫　　　葉　〕を食べ物としている。

② カブトムシのせい虫は，林や森をすみかとして，

〔　木の皮を食べて　　木のしるをなめて　〕いる。

③ ダンゴムシは〔　かれ葉の下　　　木のみき　〕にいて，

〔　土　　　くさった葉　〕を食べたり，〔　花のみつをすったり

自分の体をかくしたり　〕している。

4 虫めがねを使うと，小さなものを大きくして見ることができます。虫めがねの使い方について，次の文の〔　　〕から正しい言葉をえらび，記号を〇でかこみましょう。

1つ8点【16点】

① 地面に生えている植物など，見たいものを動かせないときは，〔　ア　虫めがね　　イ　頭　〕を動かすか，目の近くで虫めがねをささえ，体を近づけてはっきり見えるところをさがす。

② 手に持って見るときは，目の近くで虫めがねをささえ，〔　ア　見たいもの　　イ　虫めがね　〕を動かして見る。

植物や動物のようすはきせつによってちがうよ。

答え ▶ 134ページ

4 風やゴム、音のせいしつ

1 風の力のはたらきを調べます。次の問いに答えましょう。　1つ7点【28点】

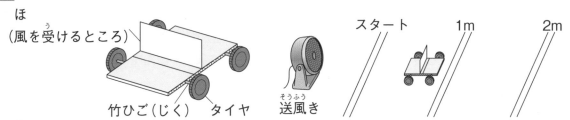

ほ
(風を受けるところ)

竹ひご(じく)　タイヤ　送風き

スタート　1m　2m

① 上の車には、ほがあります。ほに風が当たると車はどうなりますか。

（　　　　　　　　　　　）

② 送風きの風の強さをかえて、車が動くきょり（長さ）を調べました。じっけんのけっかの表の㋐、㋑にあてはまる動いたきょりを□からえらんで書きましょう。

5m	3m	1m

じっけんのけっか

風の強さ	弱い	中くらい	強い
動いたきょり（長さ）	㋐	3m	㋑

㋐（　　　　　）　㋑（　　　　　）

③ 上の車のほを大きくすると、車の動くきょり（長さ）はどうなりますか。

（　　　　　　　　　　　）

2 ゴムの力のはたらきを調べます。次の問いに答えましょう。　1つ7点【14点】

① わゴム1本で、車を引っぱるきょりを10cmにしたとき、車は50cm動きました。車を引っぱるきょりを20cmにしたとき、動くきょりはどうなりますか。

（　　　　　　　　　　　）

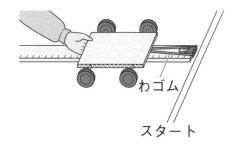

わゴム

スタート

② 車を長いきょり動かすには、わゴムを引っぱるきょりを長くするほかに、わゴムの本数をどのようにしたらよいですか。　（　　　　　　　　　　　）

3 トライアングルをたたいたときのようすについて，次の問いに答えましょう。 ①，②7点，③1つ6点【38点】

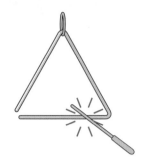

① トライアングルから音が出ているとき，トライアングルはどうなっていますか。

　　　　　　　（　　　　　　　　　　　　　　　　）

② 音の出ているトライアングルに指先でふれてふるえを止めると，音はどうなりますか。　　　　　　　　　　　　（　　　　　　　　　　　　）

③ トライアングルをたたいたときのようすについて，次の文の〔　　〕から正しい言葉をえらび，〇でかこみましょう。

　　トライアングルを強くたたくと，音は〔　大きく　　小さく　〕なり，ふるえは〔　大きく　　小さく　〕なる。

　　トライアングルを弱くたたくと，音は〔　大きく　　　小さく　〕なり，ふるえは〔　大きく　　小さく　〕なる。

4 糸電話で話しているときのようすについて，次の問いに答えましょう。

①6点，②1つ7点【20点】

① 話しているときに糸にそっとふれると，糸のようすはどうなっていますか。

　　　　　　（　　　　　　　　　　　）

② 話しているときに指で糸をつまむと，音は聞こえますか。また，つまんでいた糸をはなすと，音は聞こえますか。

　　　　　　糸をつまむと音は（　　　　　　　　　　　　　　）
　　　　　　糸をはなすと音は（　　　　　　　　　　　　　　）

じっけんはおもしろいね！

答え ▶ 135ページ

⑤ 太陽の動きと光のはたらき

月　　日　　10分

とく点

点

---

1 太陽とかげの動きについて調べます。下の問いに答えましょう。

1つ5点【40点】

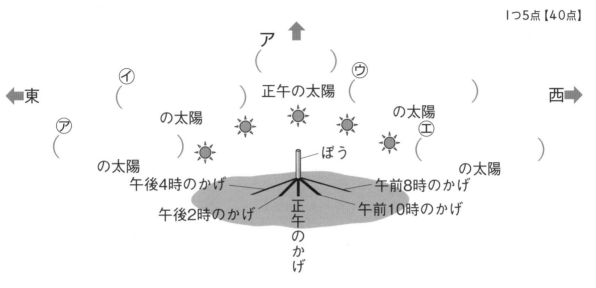

ア（　　　）

イ（　　　）　正午の太陽　ウ（　　　）

←東　　　　　　　　　　　　　　　　　　　西→

の太陽

ア（　　　）　　　　　　　　　　　エ（　　　）

の太陽

正午の太陽　の太陽　　　　　　の太陽

ぼう

午後4時のかげ　　　　　　　午前8時のかげ

午後2時のかげ　　　　　　　午前10時のかげ

正午のかげ

① 上の絵の㋐〜㋓は，何時のときの太陽ですか。（　　）に何時かを書きましょう。また，アには，南・北どちらかの方位を書きましょう。

② 次の文の（　　）にあてはまる言葉を□からえらび，書きましょう。

太陽の光を（㋐　　　　　）といい，㋐をさえぎるものがあると，かげは，太陽の（㋑　　　　　）がわにできる。（㋒　　　　　）が動くため，かげの向きは時間がたつとかわる。

かげ	反対	同じ	日光	太陽

---

2 日なたと日かげの地面のようすをくらべました。次の文で，正しいものには○，まちがっているものには×を（　　）につけましょう。　　1つ5点【15点】

① （　　　） 日かげより日なたのほうが，地面の温度は高い。

② （　　　） 日なたより日かげのほうが，地面はしめりけがある。

③ （　　　） 日なたの地面の温度は，正午よりも午前のほうが高くなる。

3 かがみではね返した日光をかべのまとに当てました。次の文の〔　　　〕から正しい言葉をえらび，○でかこみましょう。　　　　　　　1つ5点【20点】

① かがみではね返した日光が当たったまとは，〔　明るく　　暗く　〕なった。

② かがみを動かすと，かべに当てた日光は〔　動かない　　動く　〕。

③ かがみではね返した日光が当たったまとの温度をはかると，日光が当たっていないところより温度は〔　高　　ひく　〕かった。

④ かがみではね返した日光は，〔　まっすぐ　　曲がって　〕進む。

4 右の絵のように，かがみではね返した日光をかべに当てました。次の問いに答えましょう。　　　　　　　1つ5点【10点】

① かがみの数が1まいのときと，2まいのときでは，どちらのほうがかべの温度が高くなりますか。

（　　　　　　　　　　　　　）

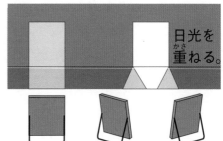

日光を重ねる。

② 日光を当てたかべの部分をもっと明るくするには，次のア〜エのどれをしたらよいですか。　　　　（　　　　）

ア　かがみをかべから遠ざける。　　　イ　大きなかがみを使う。

ウ　小さなかがみを使う。　　　　　　エ　かがみの数をふやす。

5 虫めがねで日光を集めました。下の絵のアとイの部分では，どちらが明るいですか。また，どちらがあついですか。記号で答えましょう。　　【2つできて15点】

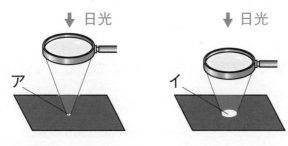

↓日光　　　　　↓日光

ア　　　　　　　イ

明るい（　　　　　）

あつい（　　　　　）

日光にはいろいろなせいしつがあるね。

答え ▶ 135ページ

1 次の絵で，豆電球に明かりがつくものには○，つかないものには×を（　）につけましょう。

1つ4点【24点】

ア（　　　　　）　　　イ（　　　　　）　　　ウ（　　　　　）

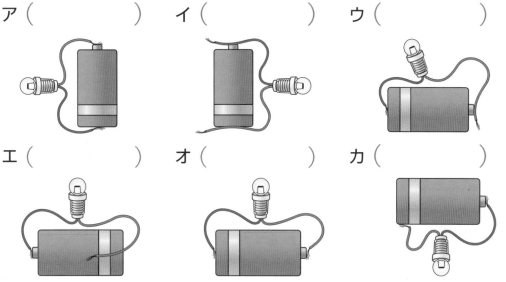

エ（　　　　　）　　　オ（　　　　　）　　　カ（　　　　　）

2 右の絵のようにすると，豆電球の明かりがつきます。鉄くぎのかわりにつないだとき，明かりがつくものには○，つかないものには×を（　）につけましょう。

1つ4点【32点】

鉄くぎ

ア（　　　　）　　イ（　　　　）　　ウ（　　　　）　　エ（　　　　）

十円玉（どう）

紙

アルミニウムはく

クリップ（鉄）

オ（　　　　）　　カ（　　　　）　　キ（　　　　）　　ク（　　　　）

スチール（鉄）
のかん
（色の部分）

下じき
（プラスチック）

一円玉
（アルミニウム）

わりばし（木）

3 ものの形をかえたときの重さを，電子てんびんを使って調べました。次の問いに答えましょう。

1つ4点【20点】

① ねん土を，もとの形から下の絵の⑦〜⑨のように形をかえました。もとの形は重さが100gでしたが，形をかえると重さはどうなりますか。⑦〜⑨のそれぞれの（　）に，重さを書きましょう。

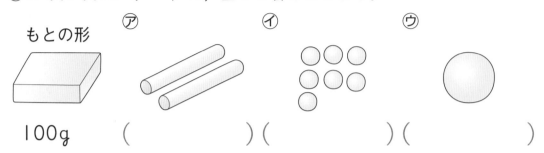

もとの形　　　⑦　　　　　　　　⑧　　　　　　　　⑨

100g　　　　（　　　　　　　）（　　　　　　　）（　　　　　　　）

② 次の文の〔　　〕から正しい言葉をえらび，〇でかこみましょう。

ねん土を広げたり，細長くしたりして形をかえても，重さは

〔　かわる　　かわらない　〕。また，小さくいくつかに分けても，もとの重さと全部集めた重さは〔　かわる　　　かわらない　〕。

4 もののしゅるいによる，体積と重さについて調べました。次の問いに答えましょう。

1つ8点【24点】

木　　　　　　　　金ぞく（鉄）　　　　　発ぽう
　　　　　　　　　　　　　　　　　　　　　スチロール

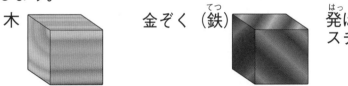 

① 同じ体積の木，金ぞく（鉄），発ぽうスチロールのおもりで，いちばん重いおもりといちばん軽いおもりはそれぞれどれですか。

　　　　　　　　　　重いおもり（　　　　　　　　　　　　　　）

　　　　　　　　　　軽いおもり（　　　　　　　　　　　　　　）

② ちがうしゅるいのものが同じ体積のとき，重さは同じですか，ちがいますか。　　　　　　　　　　　　　　　　（　　　　　　　　　　　　　　）

しっかり見直しをしようね！

答え ▶ 136ページ

7 じしゃくのせいしつ

1 次の絵で，じしゃくにつくものには〇，つかないものには×を（　　）につけましょう。

1つ5点【40点】

ア（　　　　）　イ（　　　　）　ウ（　　　　）　エ（　　　　）

クリップ（鉄）　　アルミニウムはく　　十円玉（どう）　　スチール（鉄）のかん（色の部分）

オ（　　　　）　カ（　　　　）　キ（　　　　）　ク（　　　　）

わりばし（木）　はさみの切る部分（鉄）　　紙　　わゴム（ゴム）

2 じしゃくにだんボール紙をはり，じしゃくの力を調べました。次の文の〔　　〕から正しい言葉をえらび，〇でかこみましょう。

1つ5点【15点】

　じしゃくと鉄との間に，だんボール紙をはさんでも，じしゃくは鉄を〔　引きつける　　引きつけない　〕が，だんボール紙のまい数がふえると，引きつける力は〔　強くなる　　弱くなる　〕。

　このことから，じしゃくと鉄とのきょりがかわると，引きつける力が〔　かわる　　かわらない　〕ことがわかる。

3 じしゃくのせいしつについて，次の問いに答えましょう。　　1つ5点【30点】

① 下の絵のように，2本のじしゃくを近づけたとき，引き合うものと，しりぞけ合うものをそれぞれ2つずつえらびましょう。

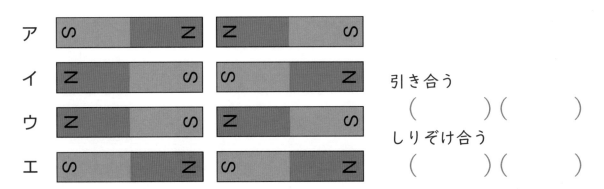

ア

イ　　　　　　　　　　　　　　　　　　　引き合う
　　　　　　　　　　　　　　　　　　　　（　　　　　）（　　　　　）
ウ
　　　　　　　　　　　　　　　　　　　しりぞけ合う
エ　　　　　　　　　　　　　　　　　　　（　　　　　）（　　　　　）

② じしゃくのきょくについて，次の文の〔　　〕から正しい言葉をえらび，○でかこみましょう。

じしゃくの同じきょくどうしは〔　引き合い　　しりぞけ合い　〕，ちがうきょくどうしは〔　引き合う　　しりぞけ合う　〕。

4 右の絵のように，じしゃくに鉄くぎをつけてから，じしゃくをそっとはなしました。次の問いに答えましょう。　　①は10点，②は5点【15点】

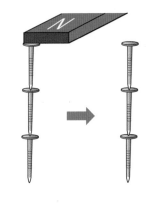

① じしゃくからはなしても，鉄くぎがついたままなのはなぜですか。

（　　　　　　　　　　　　　　　　　　　　　　　　　　　）

② ①で答えたことをたしかめるには，どんな方ほうがありますか。次の文の（　　）にあてはまる言葉を□□からえらび，書きましょう。

鉄くぎに（　　　　　　　　　　　　　　）がつくか調べてみる。

アルミニウムはく　　　十円玉（どう）　　　さ鉄

じしゃくを使って，調べてみよう。

答え ▶ 136ページ

答えとアドバイス

まちがえた問題は，もう一度やり直しましょう。

算数▶117ページ　｜　社会▶132ページ
国語▶124ページ　｜　理科▶134ページ
英語▶129ページ

算　数

① 時こくと時間　5〜6ページ

1 ①午後2時10分

　　②1時間55分

2 ①65　　②95　　③120

3 ①秒　　②時間　　③分（間）

4 午前9時45分

5 20分（間）

6 1時間10分

7 午前8時30分

8 1時間15分

●アドバイス　**6**は，30分と40分をあわせて70分になります。60分＝1時間より，答えは1時間10分になります。

8　1時30分から2時までの30分と2時から2時45分までの45分をあわせて1時間15分ともとめます。ちょうどの時こくで分けて考えるとよいでしょう。

② たし算とひき算の筆算　7〜8ページ

1 ①573　　②745　　③803

　　④1166　⑤8897　⑥8722

2 ①229　　②242　　③176

　　④476　　⑤3518　⑥617

3 ①494　　②457　　③902

　　④800　　⑤1337　⑥1721

　　⑦9203　⑧7001　⑨531

　　⑩237　　⑪243　　⑫83

　　⑬289　　⑭93　　⑮6452

　　⑯1892

●アドバイス　たし算とひき算の筆算は，数が大きくなっても，たてに位をそろえて書き，

一の位からじゅんに計算します。くり上がりとくり下がりには注意しましょう。

1　⑥
```
  1 1
  3258
 +5464
  8722
```
十の位と百の位に，それぞれ1くり上がります。この1をたしわすれないように注意しましょう。

2　④
```
  9 9
  ⁹10⁹10⁹10
  1000
 - 524
   476
```
一の位の計算は，十の位，百の位が0なので，千の位からじゅんに1くり下げます。くり下げたあとの計算にも注意しましょう。

③ たし算とひき算の筆算の文章題　9〜10ページ

1 563＋358＝921　　　921こ

2 416＋275＝691　　　691こ

3 850－640＝210　　　210まい

4 463＋523＝986　　　986人

5 578＋643＝1221　　1221さつ

6 3585＋975＝4560　4560円

7 723－238＝485　　　485ひき

8 2480－290＝2190　2190円

●アドバイス　問題文は，たし算・ひき算のどちらになるか考えながら読みましょう。わかりにくいときは，下のような図にしてみるとよいです。

5

6

8
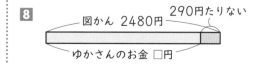

④ わり算　11~12ページ

1 ①3　②0
③8　④6
⑤8　⑥1
⑦9　⑧9

2 ①3，1　②3，2
③8，3　④4，6
⑤9，7　⑥9，2
⑦8，2　⑧6，8

3 ①9あまり2
たしかめ…9×9＋2＝83
②9あまり3
たしかめ…4×9＋3＝39

4 ①1　②5
③2　④9
⑤8　⑥7
⑦9　⑧8
⑨3　⑩0
⑪1あまり3　⑫4あまり4
⑬6あまり1　⑭6あまり1
⑮3あまり8　⑯6あまり5
⑰9あまり4　⑱8あまり5
⑲8あまり1　⑳9あまり1
㉑7あまり3　㉒5あまり5
㉓3あまり5　㉔7あまり2
㉕9あまり2　㉖6あまり4

✐アドバイス　わり算の答えは，わる数のだんの九九を使って，見つけます。あまりのあるわり算は，あまりがわる数より小さくなっているかをたしかめましょう。

⑤ わり算の文章題　13~14ページ

1 21÷7＝3　　　　　3こ
2 24÷8＝3　　　　　3人
3 35÷6＝5あまり5
5本できて，5mあまる。
4 15÷2＝7あまり1　　　8本

5 12÷3＝4　　　　　4こ
6 36÷9＝4　　　　　4チーム
7 72÷8＝9　　　　　9箱
8 44÷5＝8あまり4
1人分は8こで，4こあまる。
9 31÷4＝7あまり3　　　7ふくろ

✐アドバイス　**4**　式の答えが7あまり1になりますが，あまった1L分を入れるびんがもう1本ひつようになり，7＋1＝8（本）となります。このように，わった答えに1をたすときには，7＋1＝8のような式を書いておくとよいでしょう。

9　式の答えが7あまり3になりますが，あまりの3こで1ふくろはできないので，答えは7ふくろになります。

⑥ 10000より大きい数　15~16ページ

1 ①六十三万五千四百七十一
②千二百八十四万九千三百六

2 ①34500　　②50067

3 ⑦15000　⑦29000　⑦52000

4 ①<　②<
③>　④<

5 ①485716　　②5300200

6 ①8007300　　②36420000

7 ①60000　　②800000

8 ①<　②＝
③>　④<

✐アドバイス　**1**のように，けた数の多い数は，右から4けたごとに区切って，正しく読みましょう。

3　1めもりは10000を10等分していることより，1000を表すことがわかります。

4，**8**　数や式の大小は，不等号を使って表します。けた数が同じ数は，大きい位の数字からくらべていきます。

7　いくつずつふえているか読み取ります。

⑦ かけ算のきまり，1けたをかけるかけ算の筆算　17~18ページ

1 ①8 　②9
　　 ③7 　④6

2 ①42 　②370 　③124
　　 ④768 　⑤480 　⑥371
　　 ⑦972 　⑧840 　⑨3212
　　 ⑩6728 　⑪3276 　⑫3185

3 ①24 　②3870

4 ①91 　②76 　③87
　　 ④252 　⑤512 　⑥485
　　 ⑦765 　⑧280 　⑨492
　　 ⑩645 　⑪4480 　⑫1845
　　 ⑬5436 　⑭4288 　⑮4524
　　 ⑯2961

5 ①
```
   3 5
 ×   4
 1 4 0
```
　②
```
   5 7 8
 ×     7
 4 0 4 6
```

🖋アドバイス 　かけ算の筆算では，かける数とかけられる数の一の位からじゅんに計算します。くり上げた数がある場合は，たしわすれないようにしましょう。

3 ①3×4×2＝3×（4×2）＝3×8となり，1けたどうしの計算になります。
②387×2×5＝387×（2×5）＝380×10となり，暗算で答えがもとめられます。

⑧ 1けたをかけるかけ算の筆算の文章題　19~20ページ

1 86×5＝430 　　430円
2 47×8＝376 　　376こ
3 150×5＝750 　　750cm
4 12×6＝72 　　72本
5 32×7＝224 　　224cm
6 298×6＝1788 　　1788円
7 360×8＝2880 　　2880本
8 423×3＝1269 　　1269m

🖋アドバイス 　かけ算の式は，（1つ分の数）×（いくつ分）になります。問題から，どの数が1つ分の数でどの数がいくつ分の数になるかを読み取ることが大切です。

5 では，倍がいくつ分にあたるので，1つ分の数が32でいくつ分が7になります。図に表すと，次のようになります。

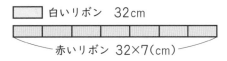
白いリボン　32cm
赤いリボン　32×7（cm）

8 1つ分の数が423，いくつ分が3になり，図に表すと次のようになります。

1まわり　423m
3まわり　423×3（m）

⑨ 長さ，重さ　21~22ページ

1 ㋐7m75cm 　㋑8m18cm

2 ①ものさし 　②まきじゃく
　　 ③まきじゃく 　④ものさし

3 ①450g
　　 ②3kg400g （3400g）

4 ①8000 　②3200
　　 ③2，850 　④7360

5 ①1km430m 　②2km800m

6 ①3000 　②4200
　　 ③6，340 　④5000

7 ①1kg900g 　②2kg550g

8 ①1km200m 　②1800m
　　 ③2kg300g 　④2100g

🖋アドバイス 　**2** まきじゃくは長いものやまるいものの長さをはかるのにべんりです。

5 ①600＋830＝1430（m）ですが，1km＝1000mより，1km430mと答えます。

8 は，同じたんいにすると，くらべやすいです。②では1800m＝1km800m，1km700m＝1700m，④では2100g＝2kg100g，2kg＝2000gです。

⑩ 小数のたし算とひき算　23~24ページ

1　①0.9　　②2.9
　　③1.5　　④0.7
　　⑤0.7　　⑥0.8

2　①6.9　②8.1　③8.3
　　④9　⑤11.6　⑥13.7

3　①3.6　②1.8　③0.6
　　④4.1　⑤2.2　⑥3.6

4　①4.8　②2.2　③9.2
　　④9.8　⑤9.3　⑥10
　　⑦10.8　⑧13.2　⑨4.2
　　⑩1　⑪3.5　⑫0.6
　　⑬2.8　⑭0.8　⑮3
　　⑯2.7

5　①　　3.2　　　②　　7.3
　　　＋5.6　　　　　＋2.9
　　　──────　　　　──────
　　　　8.8　　　　　10.2

　　③　　8.4　　　④　　9
　　　－6.5　　　　　－2.1
　　　──────　　　　──────
　　　　1.9　　　　　6.9

●アドバイス　**1**は，たし算もひき算も0.1の何こ分かで考えます。⑤は，0.1が(10－3)で7こだから0.7となります。
2　④答えの小数第一位が0になったら，なめの線で消しましょう。
3　③一の位の計算が0となります。このようなときに，上の小数点にそろえて答えの小数点をうつことと0を書きたすことを，わすれないようにしましょう。
5　小数のたし算とひき算を筆算でするには，まず位をそろえて書きます。次に整数と同じように筆算します。さいごに，上の小数点にそろえて小数点をうちます。
④は，9を9.0と考えて計算しましょう。

⑪ 分数のたし算とひき算　25~26ページ

1　①3　　②7
　　③3　　④4

⑤5　　　　　⑥7
⑦6，1

2　①1　　②3
　　③3　　④1
　　⑤2　　⑥3
　　⑦1　　⑧5，1

3　①$\frac{5}{8}$　　②$\frac{5}{6}$
　　③$\frac{6}{9}$　　④$\frac{6}{10}$
　　⑤$\frac{3}{4}$　　⑥$\frac{4}{5}$
　　⑦$\frac{7}{8}$　　⑧$\frac{8}{9}$
　　⑨$1\left(\frac{7}{7}\right)$　　⑩$1\left(\frac{10}{10}\right)$
　　⑪$\frac{2}{6}$　　⑫$\frac{2}{8}$
　　⑬$\frac{3}{9}$　　⑭$\frac{2}{7}$
　　⑮$\frac{1}{10}$　　⑯$\frac{1}{5}$
　　⑰$\frac{4}{9}$　　⑱$\frac{3}{10}$
　　⑲$\frac{5}{8}$　　⑳$\frac{3}{10}$

●アドバイス　分母が同じ分数のたし算やひき算は，分母はそのままで，分子どうしをたしたりひいたりします。

1　②$\frac{1}{9}$が(5＋2)こで$\frac{7}{9}$となります。
$\frac{5}{9}＋\frac{2}{9}＝\frac{7}{18}$のように分母どうしをたさないように注意しましょう。
⑦のように，分母と分子が同じ数の分数は，整数の1となります。
3　⑲・⑳は，**2**の⑧のように考えます。
1からひくときは，1をひく数の分母にあわせて分数にします。
⑲　$1－\frac{3}{8}＝\frac{8}{8}－\frac{3}{8}＝\frac{5}{8}$
⑳　$1－\frac{7}{10}＝\frac{10}{10}－\frac{7}{10}＝\frac{3}{10}$

⑫ 小数・分数の文章題 27~28 ページ

1 1.5+1.8=3.3　　　　　　　　3.3m

2 3−0.4=2.6　　　　　　　　2.6kg

3 $1-\dfrac{1}{3}=\dfrac{2}{3}$　　　　　　　　$\dfrac{2}{3}$L

4 0.6+1.2=1.8　　　　　　　　1.8L

5 2.8−1.6=1.2　　　　　　　　1.2kg

6 4.3−3.7=0.6　　　　　　　　0.6km

7 $\dfrac{3}{8}+\dfrac{5}{8}=1\left(\dfrac{8}{8}\right)$　　　　$1m\left(\dfrac{8}{8}m\right)$

8 $1-\dfrac{5}{7}=\dfrac{2}{7}$　　　　　　　　$\dfrac{2}{7}$km

❶アドバイス　**5**，**6**は小数のひき算です。筆算では，次のようになります。

5
$$\begin{array}{r} 2.8 \\ -1.6 \\ \hline 1.2 \end{array}$$

6
$$\begin{array}{r} 4.3 \\ -3.7 \\ \hline 0.6 \end{array}$$

7は分数のたし算，**8**は分数のひき算です。

7 $\dfrac{3}{8}+\dfrac{5}{8}=\dfrac{8}{8}=1$ (m)

8 $1-\dfrac{5}{7}=\dfrac{7}{7}-\dfrac{5}{7}=\dfrac{2}{7}$ (km)

⑬ 2けたをかけるかけ算の筆算 29~30 ページ

1　①168　　②540　　③756
　　④1530　　⑤1363　　⑥7008

2　①5535　　②7872　　③41340
　　④24462

3　①360　　②286　　③744
　　④3648　　⑤2146　　⑥2408
　　⑦3444　　⑧8991　　⑨8208
　　⑩23144　　⑪34860　　⑫36680
　　⑬45695　　⑭68634　　⑮76452

❶アドバイス　2けたをかけるかけ算の筆算は，かける数の一の位，十の位のじゅんにかけていきます。

2 ③のように，かける数が何十の計算では，0の計算ははぶいてもよいです。

$$\begin{array}{r} 689 \\ \times\ 60 \\ \hline 41340 \end{array}$$
→689×0=0
→689×6=4134

3 ⑨のように，かけられる数の十の位に0のある計算は，十の位の計算をわすれないようにします。

$$\begin{array}{r} 304 \\ \times\ 27 \\ \hline 2128 \\ 608\ \ \\ \hline 8208 \end{array}$$

$$\begin{array}{r} 304 \\ \times\ 27 \\ \hline 238 \\ 68\ \\ \hline 918 \end{array}$$
十の位で百の位の計算をしている。

⑭ 2けたをかけるかけ算の筆算の文章題 31~32 ページ

1 69×13=897　　　　　　　897円

2 350×25=8750　　　　　8750mL

3 250×30=7500　　　　　7500m

4 89×25=2225　　　　　　2225円

5 30×14=420　　　　　　　420き

6 456×56=25536
　　（25536g=25kg536g）
　　　　　　　　　　　　25kg536g

7 430×36=15480　　　　15480円

8 864×78=67392　　　　67392こ

❶アドバイス　かける数が2けたになっても，「1つ分の数」と「いくつ分」をつかんで，式をたてます。筆算では，かける数の一の位からじゅんに，ていねいに計算しましょう。

6 問題は「何kg何gになりますか」ときいています。1000g=1kgのかんけいから，25000g=25kgとなります。

7では，問題にでてきた数のじゅんに式にすると，36×430となります。この計算のしかたは学習していないので，式がまちがっていると気がつくかもしれませんが，1つ分の数は430でいくつ分が36です。

8 筆算は，右のようにかけ算のくり上がりが多く，たし算でもくり上がりがあります。注意して計算しましょう。

$$\begin{array}{r} 864 \\ \times\ 78 \\ \hline 6912 \\ 6048\ \ \\ \hline 67392 \end{array}$$

三角形になります。

⑮ 円と球，三角形　33~34ページ

1 ①中心
②直径，半径
③2

2 ①8cm
②16cm

3 ①　⑦正三角形
　　　⑦二等辺三角形
②⑩，⑤

4 ①20cm
②10cm
③5cm

5 ①14
②12

6 ①二等辺三角形
②⑦

7 ⑦二等辺三角形（直角二等辺三角形）
⑦正三角形

⊘アドバイス **1** 円の中心，直径，半径や直径は半径の2倍の長さになることは，3年生ではじめて学習します。球にも球の中心，直径，半径があることとあわせておぼえておきましょう。

3 ①3つの辺の長さが等しい三角形を正三角形といい，2つの辺の長さが等しい三角形を二等辺三角形といいます。
②正三角形では，3つの角の大きさはすべて等しいです。

4 ①大きい円の直径はまわりの正方形の1つの辺の長さと同じです。

5 球の直径は，半径の2倍の長さです。

6 半径はどこも3cmだから，⑦は二等辺三角形になり，⑦は3つの辺の長さが等しいので正

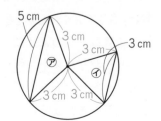

⑯ ぼうグラフと表　35~36ページ

1 ①1人
②10人
③7人
④36人

2 ①5，45
②100，700

3

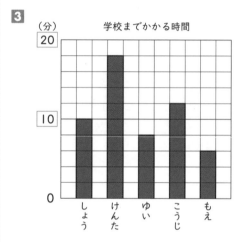

学校までかかる時間
（分）

4 ①

3年生がすきな動物　　（人）

しゅるい　　組	1組	2組	3組	合計
犬	16	12	13	41
ね こ	9	10	12	31
うさぎ	5	6	4	15
パンダ	3	3	3	9
合 計	33	31	32	96

②31人
③96人

⊘アドバイス ぼうグラフを読み取るときは，まず1めもりが表している大きさを調べます。

2 ②グラフでは5めもりで500gだから1めもりは100gになります。

3 では，いちばん時間がかかるのは，けんたさんの18分だから，1めもりが2分を表すようにするとグラフがかけます。

4 のように，1つにまとめた表では，それぞれの数が何を表しているかを読み取りましょう。右下のらんは全部の合計になります。

17 □を使った式

1 ①12+□=21
　②□=21−12
　　□=9　　　　　　　　　9人

2 ①□×6=54
　②□=54÷6
　　□=9　　　　　　　　　9本

3 □+15=62
　□=62−15
　□=47　　　　　　　　　47まい

4 □−45=80
　□=80+45
　□=125　　　　　　　　125cm

5 9×□=72
　□=72÷9
　□=8　　　　　　　　　8こ

6 □÷6=4
　□=4×6
　□=24　　　　　　　　　24こ

●アドバイス　式は，数や□を図に表すと，どのようにすればよいかわかります。

3
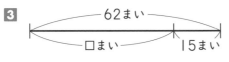

4

5
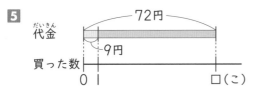

6
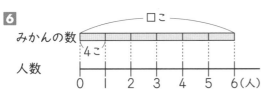

3はたし算，**4**はひき算，**5**はかけ算，**6**はわり算の式になることがわかります。
なお，答えをもとめたら，問題にあてはめて，

正しいかどうかたしかめてみましょう。

18 いろいろな問題

1 45÷9=5　　　　　　　　5倍

2 30+17=47
　47−45=2　　　　　　　2cm

3 12÷3=4　　　　　　　　4km

4 36÷6=6　　　　　　　　6倍

5 バケツの重さを□kgとすると，
　□×8=32
　□=32÷8
　□=4　　　　　　　　　4kg
　〈べつのとき方〉
　32÷8=4　　　　　　　　4kg

6 48+48=96
　96−6=90　　　　　　　90cm

7 7×8=56　　　　　　　　56m

●アドバイス　**1**，**4**は何倍かをもとめる問題です。**1**はどじょうの数がもとにする大きさで，**4**はサッカーボールの数がもとにする大きさです。何倍かをもとめるには，わり算を使います。

2，**6**は，重なりを考えてとく問題です。
2はつなぎめの長さをもとめ，**6**はつないだときの全体の長さをもとめます。

3は，間の数を考えてときます。間の数は3なので，12÷3になります。

5は，倍の考え方を使ってときます。バケツに入る重さを□kgとすると，□kgの8倍がケースに入る重さとなります。これを式に表すと，□×8=32となります。
もとにする大きさをもとめるには，□を使ってかけ算の式にすると考えやすくなります。

7は，**3**と同じように間の数を考えてとく問題です。図からわかるように，木は8本植えてあり，これらの間の数は8となっています。まるい形のまわりに木を植えるような場合，木の数と間の数は同じになります。

国語

① 漢字と送りがな　41・42ページ

アドバイス
送りがなは、漢字と読みをはっきりさせるために漢字の下につける文字です。「美しい」「悲しい」のように送りがなをつけます。

1
(1)流れる
(2)平ら
(3)美しい
(4)受かる
(5)悲しい

2
(1)味わう
(2)助ける
(3)整える
(4)重ねる

3
(1)幸せ
(2)短い
(3)進む
(4)運ぶ

4
(1)昔話
(2)飲み物
(3)祭り
(4)係員

5
(1)実
(2)暗い
(3)起きる
(4)終わる
(5)寒い
(6)落ち葉

アドバイス
④「化」は「ばけ・ば」、⑥「注」「そそ・ぐ」、②「調」「しら・べる」、③「死」「し・ぬ」、⑤「育」「そだ・つ」、⑥「拾」「ひろ・う」

② 漢字の組み立て　43・44ページ

アドバイス
漢字の部首名は、①イ（にんべん）、②エ（てへん）、③ア（ごんべん）、④エ（ぼくにょう）

1
(1)イ
(2)エ
(3)ア
(4)ウ

2
(1)記
(2)歌
(3)家
(4)点

3
(1)人口
(2)図画
(3)起立
(4)勝負
(5)順序〈同〉
(6)〜願

4
(1)村・道
(2)国園
(3)木
(4)区
(5)板・道
(6)〜順〈同〉

アドバイス
①「記」、②「起」、⑤「記」は「同じ」、④「記」は部首が同じ漢字

③ 漢字の音と訓　45・46ページ

アドバイス
④「ゆ（由）」は、部首「に」に「ゆ」です。「ゆ（ゆう）」は、部首「に」の仲間です。「起」は部首が同じです。

1
(1)や
(ア)や
(イ)の
(2)か
(ア)かん
(イ)よ
(3)じ
(ア)じ
(イ)し
(4)と
(ア)と
(イ)お

2
(1)今
(2)根
(3)家
(4)屋

3
(1)ダイ・おお
(2)ケン・いぬ
(3)キン・ちかい
(4)おもて・ひょう

4
(1)ジ・みみ
(2)ニ・に
(3)ソウ・はや
(4)ヒョウ・おもて
(5)キャク・とも
(6)リキ・ちから
(7)ブ・あし
(8)まめ・トウ

④ 漢字の意味　47・48ページ

アドバイス
訓読みは、漢字のもともとの意味を受けついで読み方です。音読みは、中国から伝わった読み方です。

1
(1)羽
(2)家
(3)羽

2
(1)ア
(2)イ
(3)ウ

3
(1)ア
(2)イ

4
(1)記
(2)園
(3)気
(4)汽

アドバイス
(1)「や」「よ」「つ」「へ」「う」「いち」は右から読みます。

⑤ まちがえやすい漢字① 49〜50ページ

1 ①㋐ぬし ㋑おも ②㋐よ ㋑か
③㋐まった ㋑すぐ
2 ①べん ②やしず
3 ①島 ②第 ③緑 ④岸
4 ①じゅう・ちょう ②じょう・てら
③とう・ず ④きょ・い
5 ①理由・申 ②写真・具体 ③家族・旅行
④発明品・登場

アドバイス

2 他の言葉の読み方は、①「とから・しゅと・とし」、②「じてら・じめら・じれら」です。

5 ③「族」「旅」の部首「方（かたへん）」の書きじゅんは「ゝ一フ方」です。
④「発」「登」の部首「癶（はつがしら）」の書きじゅんは「フマラヾ癶」です。正しい書きじゅんで書けるようにしましょう。

⑥ まちがえやすい漢字② 51〜52ページ

1 ①4（四）②1（一）③2（二）④3（三）
2 ①持 ②投 ③湯 ④倍 ⑤他 ⑥坂
3 ①ウ・9（九）②イ・8（く）③ア・5（五）
4 ①㋐想 ㋑箱 ②㋐配 ㋑酒 ③㋐油 ㋑笛
④㋐注 ㋑柱 ㋒住

アドバイス

1 ④「乗」は、横ぼうの長さにも注意して書きましょう。
3 ①「級」の「ヌ」は、一画で書きます。「起」は十画、「都」は十一画です。
②「庭」は十画、「送」は九画です。
③「両」は六画、「身」は七画です。
4 ②「配」「酒」の「酉」は、酒のつぼの形を表しています。そのため「酉」の部首をもつ漢字には、酒に関係する字が多くあります。

⑦ 国語辞典の使い方／俳句に親しむ 53〜54ページ

1 ①（右から）2・4・3・1
②（右から）4・1・2・3
2 ①整う ②つれつう
3 エ
4 ①雪とさト｜村っぱくの｜子どもか
②ひやけ顔｜見合ってっまし｜氷水
5 ①蝉・夏 ②桜・春
6 ウ

アドバイス

1 ①国語辞典では、言葉は五十音順にのっています。①②は一字目が全て「や」なので、二字目を見てさがしましょう。
②「ーと」のような音をのばす音がある言葉は「カート」「ボート」→「かあと」「ぼおる」のように「あ・い・う・え・お」におきかえます。「のばす」と「のせる」は、二字目の「ば」と「せ」を、両方とも「は」と考えて、三字目の「す」と「ら」と見てさがします。
5 ①季語は「蝉の声」ではなく「蝉」です。

⑧ ローマ字 55〜56ページ

1 ①himawari ②risu ③suika ④kaban
2 ①さくら ②としょしつ ③きっぷ ④おばあさん ⑤がっこう ⑥ほんや
3 ①omotya(omocha) ②kingyo ③rappa ④sekken ⑤otôsan ⑥tyûsya(chûsha) ⑦byôin ⑧gakkyû
4 ①さとう ゆうま ②ふくおかけん ③Nakai Hinako ④Yokohama-si(Yokohama-shi)

アドバイス

2 ⑥「ん（n）」の次にa・i・u・e・oやyがくるときは、「n'」とします。
3 ③④⑧のつまる音「っ」は、「っ」のあとの音の、はじめの文字を重ねて書きます。
4 地名や人名のはじめの文字は、ふつう大文字で書きます。地名は全て大文字で書くこともあります。また、県や市は、「-」でつないで、分けてしめします。

⑩ 文の組み立て 59〜60ページ

アドバイス

1 ①イ ②ア ③エ ④エ ⑤ウ ⑥オ
2 ①ア ②イ ③ア ④イ
3 ①エ ②イ ③ウ ④イ
4 ①木 ②服 ③大い ④ける

〈アドバイス〉
「だれが」「何が」は主語、「どうする」「どんなだ」「何だ」は述語です。「いつ」「どこで」「だれと」「何を」などは主語、述語をくわしくする修飾語です。

⑵ 文の中の組み立てをよりくわしくとらえるようにしましょう。それぞれの組み立てを、主語、述語、修飾語に分けてみましょう。

考えてみましょう。
①
主語が、お母さんが、修飾語に、デパートに、述語へ、行く。
②
主語が、子犬が、修飾語に、ぴょ—んと、述語が、走る。
③
主語が、風が、修飾語に、ぴゅ—ぴゅ—、述語へ、ふく。

---

⑨ 動きや様子を表す言葉 57〜58ページ

アドバイス

1 ①オ・ウ・エ・カ ②イ〈順不同〉
2 ①行 ②行 ③行 ④行 ⑤行
3 ①赤い ②行 ③行
4 ①・ウ ②オ ③み

〈アドバイス〉
⑴様子を表す言葉…書く
⑵動きを表す言葉…

⑶様子を表す言葉…
①動きを表す言葉…音楽

すの終わりの音から、それぞれの言葉が動きを見分けましょう。「は」の音で切りの形を表す言葉、「う」の音で切りの形をとる言葉、「い」の音で切り、様子を表す言葉、「だ」で終わる形があります。

「だ」の終わりの形を表す言葉は、動きを表す言葉の中で、「だ」「い」「う」「エ」の形で終わります。

---

⑪ 物語の読み取り① 61〜62ページ

アドバイス

1 ①まちぶせて ②かげ ③目が
2 ①ウ ②ウ ③おまえ（のおとうさんだね） ④魚
3 様子を表す言葉「ウ」は、「どうする」などの形になっている「だ」の形、つまり述語をさがすための言葉ですが、「ア」は名前のある言葉です。動きや様子を表す「ウ」、「イ」の形が分かるようにしましょう。

4 ⑷強す言葉「カ」を表す言葉、「ウ」は、何の言葉かを区別する言葉で、「ア」は述語の形をさがすための言葉ですが、「イ」の言葉は名前で、その名前の様子は見て...

2
②「えもじに、おとうさんが近づいてくる。」「あの魚が、ああんと大きな音をたてて近く。」「③大きな音をたてたのは、父親の方です。」

⑴かれは、湖の水面を見つめています。お父さんの言葉は「——」、「今だ」のように書いてあるので、お父さんが魚を見つけたことが分かります。

⑵「にげた。」「待て。」「鳴きごえをあげます。」おなかがすいていて、おなかがへるあまりに、おなかがすいて知らせたのでしょう。

⑶「ひとつの月、おなかのすいたぼくが、月の光を見ているのは、ぼくの父です。お父さんが魚を見つけたことからも、お父さんの耳をかたむけて、うう...と考えられます。」

⑫ 物語の読み取り②　63〜64ページ

1 ①こっそり・練習をする
②白い息
③ウ

2 ①まるで
②三かくの海
③イ

● アドバイス
1 ②気温がひくいと、はく息が白くなります。
③直前の文に「のらねこ一ぴきいませんでした」とあることから、すぐにアだと答えないようにしましょう。この文は「ねこさえも…」と、だれもいないことを強調しているのです。その前の「思ったとおり」に注目しましょう。マルの「思った」ことは「朝早く公園に行けばだれにも見られないで、ゆっくりブランコの練習ができる」ということです。

2 ①すぐあとの文に、マルの気持ちが書かれています。
②「光るもの」は、「海」「三かくに区切れた青い海」など、いろいろな言葉に言いかえられています。ここでは、マルが言った言葉を答えることに注意しましょう。
③マルは感動して、ガラスをにぎりしめたのです。

⑬ 説明文の読み取り①　65〜66ページ

1 ①それは
②じょうほう・命れい
③動かす

2 ①かび・細きん
②さんそは
③③

● アドバイス
1 ①問いかけの文「なぜでしょう」のあとの、理由を表す言葉「それは……ためです」に注目しましょう。
②二つ目のまとまりの文からさがします。文章中には、「いつ」という表げんは使われていません。いくつかのじょうほうをならべてじゅんに使う言葉、「〜たり、〜たり」に注目しましょう。
③説明文では、何が書かれているのかを読み取ることが重要です。ここでは、のうを守るため、の頭の大切さについて書かれています。最後の文の「だから」に注目し、すぐ前の文からまとめます。

2 ①②のはじめの文「ほとんどの食べ物は……くさってしまいます。」から読み取りましょう。
②──線のあとの文「さんそは……からです。」に注目しましょう。さんそは生き物が生きていくうえで大切なものであると、さんそはむすびついたものを変化させてしまうことが書かれています。
③①のまとまりは、かんづめやレトルト食品は、なぜくさっておけるかという疑問を表しています。②のまとまりは、食べ物と、かびや細きんやさんそのかんけいについて書かれています。③のまとまりは、かんづめやレトルト食品に空気が入らないようにしているなど、くふうについて書かれています。

⑭ 説明文の読み取り②　67〜68ページ

1 ①地球に引きつける
②イ
③うちゅう船

2 ①⑦うちゅう船
　⑦ものすごいスピード
②車やバス
③つり合う

● アドバイス
1 ①二番目の文に、「重力」とはどんな力かが書かれています。
2 ①「こそあど言葉」の内ようは、ふつう、こそあど言葉より前に出ています。この文章でも、すぐ前の文に、「この」の内ようが書かれています。

15 詩の読み取り　69〜70ページ

1 アドバイス ①
① ウ
② おちば
③ は ④ うり・（森）おちば（葉）を ヨウチョウ

2
① れい ② はねたり ③ は ④ う
おちば（葉）を ヨウチョウ

---

16 かん文・しょうかい文の書き方　71〜72ページ

1
① ひまわり
② 30cm
③ 2しゅるいの花
④ した
⑤ （フつのような）小さな花

2
① れい ⑦ れい ⑦
れい ⑦ 次に
れい ④ しまいに（おわりに）
（です・ます）の作り方

---

17 手紙の書き方　73〜74ページ

1 アドバイス ①
① れい か
② れい あいさつ

2
① 学習発表会
② 行事を見て来た役…運動会に来て役

英　語

① アルファベットのふく習①／大文字 75~76ページ

1 ① (G) D　② (N) H
③ (E) C　④ (Q) U

2 ① V　② K　③ R　④ Z

3
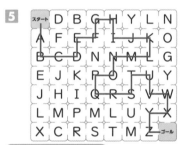

4 ① A D　② F H
③ P Q　④ W Y

5
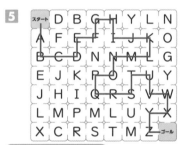

読まれたアルファベット

1 ① D ② N ③ C ④ Q

2 ① V ② K ③ R ④ Z

3 M, L, A, F, I, J, O, S

アドバイス **1** ①GとDは，さいしょの音に注意して聞き取るようにしましょう。②Hは，「エッチ」ではなく，「エイチ」のように読みます。

2 ①VをUと書かないようにしましょう。

3 音声をよく聞き，正しいアルファベットの大文字をえらびましょう。

4 ②FをEと書かないようにしましょう。③OとQの形のちがいに注意しましょう。

5 AからZまで，じゅん番に言えるように，声に出して練習してみましょう。

---

② アルファベットのふく習②／小文字 77~78ページ

1 ① (k) a　② s (f)
③ h (n)　④ (t) e

2 ① w　② r　③ i　④ b

3
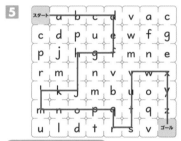

4 ① b d　② g h
③ n p　④ w y

5
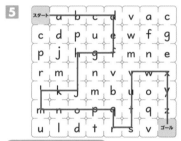

読まれたアルファベット

1 ① k ② f ③ h ④ t

2 ① w ② r ③ i ④ b

3 m, b, j, y, q, z, u, e

アドバイス **1** ①kもaも，「ケー」「エー」のようにのばさず，「ケイ」「エイ」のように読みます。

2 ④bは丸の向きに注意しましょう。dと区べつしておきましょう。

3 アルファベットの読み方は，大文字も小文字も同じです。音声をよく聞き，正しい小文字をえらびましょう。

4 ②gとhは書くいちに注意しましょう。③pは丸の向きに注意しましょう。

5 aからzまで，じゅん番に言えるように，声に出して練習してみましょう。

③ こんにちは／いろいろなあいさつ 79~80ページ

1 しょうりゃく

2 ① Goodbye.　② See you.
　③ Hello.

3 ① ア　② ア

4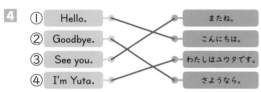

① Hello.	またね。
② Goodbye.	こんにちは。
③ See you.	わたしはユウタです。
④ I'm Yuta.	さようなら。

5 ① I'm　② you

読まれた英文

1 ① Hello. I'm Lisa.　② Hi. I'm Kenta.

2 ① Goodbye.　② See you.
　③ Hello.

3 ① ア Goodbye.（さようなら。）
　イ Hello.（こんにちは。）
　② ア Hi. I'm Nick.
（やあ。わたしはニックです。）
　イ See you, Nick.（またね，ニック。）

アドバイス　**1**　I'mはI amを短くした言い方です。「わたしは」のIはいつでも大文字で書きます。

2　① Goodbye. と② See you. は人とわかれるときに使います。③ Hello. は人に会ったときのあいさつです。

3　①人とわかれている場面なので，アをえらびます。② I'm は「わたしは～です」という意味で，自分の名前を言うときなどに使います。

5　① I am としても正かいです。

④ ごきげんいかがですか？／気分・調子 81~82ページ

1 しょうりゃく

2 ① I'm great.　② I'm sad.
　③ I'm sleepy.　④ I'm tired.

3 ① イ　② ア　③ ウ

4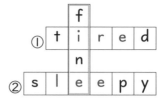

③ fine

5 ① How　② happy

読まれた英文

1 ① How are you?　② I'm fine.

2 ① I'm great.
　② I'm sad.
　③ I'm sleepy.
　④ I'm tired.

3 ① hungry（おなかがすいた）
　② sleepy（ねむい）③ happy（幸せな）

アドバイス　**1**　How are you?は相手の気分や調子をたずねるときに使います。I'm ～.を使って，気分や調子を答えます。

4　③にできあがる英文は，I'm fine.（わたしは元気です。）です。

5　①気分や調子をたずねるときは，How を使います。

⑤ これは何ですか？／動物 83~84ページ

1 しょうりゃく

2 ① bear　② cat　③ fish　④ bird

3 ウ　→　エ　→　イ　→　ア

4 ① rabbit　② koala

5 ① this　② dog

読まれた英文

1 ① What's this?
　② It's a panda.

2 ① bear　② cat
　③ fish　④ bird

3 rabbit（うさぎ），koala（コアラ），
　fish（魚），dog（犬）

1 What's は What is を短くした言い方です。It's 〜.の形でそれが何かを答えます。It's は It is を短くした言い方です。

3 koala は［コウアーラ］のように，［ア］のところを強く読みます。

4 ① rabbit は b が2つつづくことに注意しましょう。

5 ① this は「これ」という意味です。

6 いくつですか？／1〜10の数 85〜86ページ

1 しょうりゃく

2 ① ten　② one　③ two　④ nine

3 ① 5　② 2　③ 7　④ 10

4 ① ② ③ ④

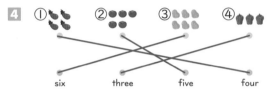

six　　three　　five　　four

5 ① many　② Nine

読まれた英文

1 ① How many pencils?
　　② Eight pencils.

2 ① ten　② one　③ two
　　④ nine

3 ① five(5)　② two(2)　③ seven(7)
　　④ ten(10)

アドバイス　**1** ①数をたずねるときは，How many 〜?と言います。

3 ①「9」は nine，②「3」は three，③「8」は eight，④「1」は one です。

4 ①「4」は four，②「5」は five，③「6」は six，④「3」は three です。

5 ①数をたずねるときは，How many を使います。②「9」は nine です。ここでは，大文字で書き始めることに注意しましょう。

7 サッカーがすきですか？／スポーツ・色 87〜88ページ

1 しょうりゃく

2 ① blue　② green　③ baseball
　　④ basketball

3 ① イ　② ア　③ イ

4 ① baseball　② red　③ soccer
　　④ blue

(れい)

c	a	t	j	e	q	b	z
b	a	s	e	b	a	l	l
t	r	m	n	v	p	u	q
g	e	s	o	c	c	e	r
k	d	d	f	v	u	x	w

5 ① green　② No

読まれた英文

1 ① Do you like soccer?　② Yes, I do.

2 ① blue　　　② green
　　③ baseball　④ basketball

3 ①ア I like green.（わたしは緑色がすきです。）　イ I like yellow.（わたしは黄色がすきです。）
　　②ア I like dodgeball.（わたしはドッジボールがすきです。）　イ I like soccer.（わたしはサッカーがすきです。）
　　③ア I like baseball.（わたしは野球がすきです。）　イ I like basketball.（わたしはバスケットボールがすきです。）

アドバイス　**1**「〜がすきですか」とたずねるときは，Do you like 〜?と言います。「はい，すきです。」と答えるときは，Yes, I do.と言います。

5 ①「緑色」は green です。②「いいえ，すきではありません。」と答えるときは，No, I don't.と言います。don't は do not を短くした言い方です。

社 会

1 学校のまわり　89~90 ページ

1 ①エ　②ア
　　③イ→ウ→ア→エ
　　④エ

2 ①例 みんなのため　②イ

3 ①⑥カ　⑪ア　⑤オ
　　　⑨イ　⑱エ　⑰ウ
　　②北　③きょり（長さ）

⚫アドバイス　1 ①エ方位じしんは，まちたんけんにひつような持ち物ですが，調べたことを記ろくする道具ではありません。②方位じしんは，はりの色のついているほうを北にあわせて使います。④エ電車や道路がどんなところを通っているかを調べるとよいでしょう。
2 ②ほかにも，市役所，公民館，交番，消ぼうしょなどが公共しせつです。
3 ①地図記号は，多くがたて物の形や土地の様子などとかかわりの深いものがもとになっています。②方位の記号がないときは，ふつう地図の上が北を指します。

2 市の様子　91~92 ページ

1 ①鶴見川　②西
　　③外国人

2 ①イ　②ア

3 ①⑥○　⑪○　⑤×　⑨○
　　②イ，エ〈順不同〉

⚫アドバイス　1 ①鶴見川は，市の北がわを西から東に向かって流れ，東京湾に注いでいます。
2 ②イは図書館，ウは美術館の仕事です。
3 ①地図の中には，方位をしめす記号があり，地図の上が北であることがわかります。③玄界島は，市の北西の沖にあります。②イ

工場をたてるには，広くて平らな土地がひつようです。うめ立ててつくった土地は，海岸線がまっすぐになっているのがとくちょうです。工工場でせい品をつくるためにひつような原料を船で運びこんだり，つくったせい品を船で運び出したりします。

3 店ではたらく人　93~94 ページ

1 ①⑥イ　⑪ウ　⑤エ　⑨ア
　　②⑥イ　⑪ウ　⑤ア
　　③産地

2 ①リサイクル
　　②ア，エ〈順不同〉

3 ①ウ　②ア　③エ　④イ

⚫アドバイス　1 ②⑥つくった人がわかるくだものの売り場です。⑪特売品をしょうかいした広告のちらしです。⑤車で買い物に来る人のためにもうけられたちゅう車場です。
2 ①リサイクルとは，使い終わったものや，使えなくなったものを，つくり直すなどして，また使えるようにすることです。②アどの場所にどんな品物があるかがわかるように，かんばんをつくっています。エレジぶくろはごみになるので，お客さんにできるだけエコバッグ（マイバッグ）を持ってきてもらうようにおねがいしています。
3 ③コンビニエンスストアでは，たくはいびんを送ったり，受け取ったりもできます。

4 ものをつくる人　95~96 ページ

1 ①⑥ウ　⑪ア　⑤イ
　　②花ふん　③ア　④ウ

2 ①⑥ウ　⑪エ　⑤ア　⑨イ
　　②えいせい（よごれ）
　　③原料

3 ①ウ　②イ　③ア

⚫アドバイス　1 ①イ「電しょうをする」は，明かりでビニールハウス内をてらす作業

です。③夜に明かりをつけたり，だんぼうせつびであたたかくしたりして，冬にあまおうをしゅうかくできるようにくふうしています。④中央卸売市場では，店の人がねだんをつけあって，やさいやくだものを買っていきます。

2 ②よごれがあればすぐにわかるように，白い服とぼうしを身につけています。③少しでもよい原料を使うために，国内だけでなく外国からも原料を取りよせています。

3 ①おいしいしゅうまいをつくるために，せい品の売れ行きなども参考にします。

---

⑤ 火事からくらしを守る 97~98ページ

1 ①119（番）　②通信指令室
　③あけいさつしょ　い水道局
　う病院
　④消ぼうだん

2 ①ウ，エ，カ〈順不同〉
　②あ×　い○　う○

3 ①イ　②ウ　③ア

💬アドバイス **1** ②③119番の電話は，消ぼう本部の通信指令室につながり，通信指令室は関係するところにれんらくを入れて，協力をおねがいします。

2 ①ア交通いはんの取りしまりは，けいさつの人の仕事です。消ぼうしょの人は，小学校などでぼう火のしどうをすることもあります。②あ消ぼうだんは，まちの消ぼうしせつを点けんしています。

3 ①は消火せん，②は熱感知器，③はぼう火シャッターです。消火せんは水道管につながっていて，消火をするときに水をたくさん出すことができます。

---

⑥ 事故や事件からくらしを守る 99~100ページ

1 ①イ　②ウ　③ア

2 ①あ目　い点字
　②あ×　い○

---

3 ①110（番）　②あ×　い○
　③Ａウ　Ｂア　Ｃイ
　④ア，イ〈順不同〉

💬アドバイス **1** けいさつの人はほかにも，まちをパトロール（見回り）したり，落とし物のそうだんにのったりしています。

2 ②あこども110番は，いざというときに，子どもたちが近くの家や店に助けをもとめることができるしくみです。

3 ①火事を知らせるときの電話番号（119番）とまちがえないようにしましょう。③事故の通報を受けたけいさつ本部の通信指令室は，けいさつしょや交番，消ぼうしょなどにれんらくを入れます。④ウけがをした人を病院に運ぶのは，消ぼうしょの人の仕事です。

---

⑦ 市のうつりかわり 101~102ページ

1 ①新幹線
　②あ×　い×　う○　え○　お○
　③税金

2 ア，ウ〈順不同〉

3 ①あウ　いア　うイ
　②あイ　いエ　うウ

💬アドバイス **1** ①今は，JR線のそばを新幹線が通っています。②あ昔は，田や畑が広がっていましたが，今はその多くが家や店になっています。い昔からある公共しせつは図書館と市役所です。う市の北がわは海に面していて，海をうめ立てて工場がつくられたことがわかります。

2 イ市の人口は約10万人から約30万人になっているので，約3倍です。エ2018年の市の人口は約30万人です。

3 ①あはせんたく板とたらい，いはかまど，うはレコードプレーヤーです。②イはかんそうきつきせんたくき，ウはけいたい音楽プレーヤー，エはIH電気台です。アは電気そうじきです。

理 科

① 植物の育ち方①，植物の体のつくり 103~104ページ

1 ①オクラ ②マリーゴールド
③アサガオ ④ヒマワリ
⑤ホウセンカ

2 ウに○

3 ①イ→ア→エ→ウ
②子葉

4 ①⑦葉 ①くき
①根
②ついていない。
③できている。

5 ⑦根 ①くき
⑦葉

> **アドバイス** **1** 植物のたねは，植物のしゅるいによって，色や形や大きさがちがっています。
>
> **2** ホウセンカのように小さいたねは，土の中に深くうめてしまうと，めが出てこないことがあります。
>
> **3** 植物は<めが出る（イ）→子葉が出る（ア）→葉が出る（エ）→くきがのびて葉の数がふえる（ウ）>のじゅんに育ちます。
>
> **4** ②子葉は，育っていくうちにかれて落ちてしまいます。
> ③植物の体はどれも，葉，くき，根でできていますが，その形は，植物のしゅるいによってちがっています。
>
> **5** 葉はくきについていて，育ってくると大きくなり，数もふえていきます。くきがのびると植物の高さが高くなります。根は，くきの下の土の中にあって，細かく分かれています。

② こん虫の育ち方，こん虫の体のつくり 105~106ページ

1 ①カ→ア→ウ→イ

2 ①イ，ウに○
③ア○ イ△ ウ△
エ○ オ△

2 ①⑦頭 ①むね ⑦はら
①目 ⑦あし
②はら，6，むね

3 こん虫ではない動物…ア
えらんだわけ…あ，い

> **アドバイス** **1** ①モンシロチョウやアゲハは，<たまご→よう虫→さなぎ→せい虫>のじゅんに育ちます。エ→ク→オ→キはアゲハの育つようすです。
> ③アブラゼミ，トンボ，バッタは，<たまご→よう虫→せい虫>のじゅんに育ちます。
>
> **2** こん虫の体は，頭，むね，はらの3つの部分に分かれています。むねには，はねと6本のあしがついています。
>
> **3** クモは，体は大きく2つの部分に分かれ，あしが8本あるので，こん虫ではありません。

③ 植物の育ち方②，動物のすみか 107~108ページ

1 ⑦くき ①つぼみ
⑦実 ①め

2 ①（エ）→ウ→イ→カ→ア→オ
②実がはじけて，中からたねがとび出る。

3 ①葉に○
②木のしるをなめてに○
③かれ葉の下，くさった葉，自分の体をかくしたりに○

4 ①アに○
②アに○

> **アドバイス** **1** ヒマワリは，春から夏にかけてくきがのびて太くなり，夏のはじめにくきの先につぼみができます。夏に花がさいたあと，秋には葉がかれて，花がさいていたところに実ができます。
>
> **2** 春にたねをまいたホウセンカは，夏のはじめごろに花がさき，夏の終わりから秋にか

けて実がじゅくして，葉・くき・根はかれて
しまいます。

3　こん虫などの動物は，食べ物のあるとこ
ろをすみかにしていることがあります。

4　①見たいものを動かせないときには，目
の近くで虫めがねをささえ，頭を動かして見
る方ほうもあります。

4　風やゴム，音のせいしつ　109~110ページ

1　①動く。　　②⑦1m　　⑦5m
　③長くなる。

2　①長くなる。
　②ふやす。（多くする。）

3　①ふるえている。
　②止まる。
　③大きく，大きく，小さく，小さくに〇

4　①ふるえている。
　②（糸をつまむと音は）聞こえない。
　　（糸をはなすと音は）聞こえる。

⊘アドバイス　1　車のほの部分に風を当て
ると，車は動きます。風の強さを強くしたり，
ほの大きさを大きくしたりすると，動くきょ
り（長さ）は長くなります。

2　ゴムの力で車を走らせるとき，ゴムを引
っぱるきょりを長くしたり，ゴムの本数を多
くしたりすると，車の動くきょりは長くなり
ます。

3　①②音が出ているものはふるえています。
音が出ているものにふれて，ふるえを止める
と，音は止まります。
③トライアングルを弱くたたいたときの音は
小さく，ふるえも小さいです。強くたたいた
ときの音は大きく，ふるえも大きいです。

4　糸電話は，糸がふるえて音をつたえます。
話しているときに指で糸をつまむと，糸のふ
るえが止まって，音は聞こえません。糸をは
なすとふたたび音が聞こえます。

5　太陽の動きと光のはたらき　111~112ページ

1　①⑦午前8時（の太陽）
　　⑦午前10時（の太陽）
　　⑦午後2時（の太陽）
　　⑤午後4時（の太陽）
　　ア南
　②あ日光　　⑤反対　　⑦太陽

2　①〇　　　　②〇　　　　③×

3　①明るくに〇
　②動くに〇
　③高に〇
　④まっすぐに〇

4　①2まいのとき　　②工

5　明るい…ア
　あつい…ア

⊘アドバイス　1　かげは，太陽の反対がわ
にでき，同じときにできるかげは，どのかげ
も同じ向きにできます。太陽は東から西へ動
くため，かげは西から東へ動きます。
　太陽を見るときは，しゃ光板（しゃ光ガラ
ス，しゃ光プレート）を使います。直せつ太
陽を見ると目をいためてしまいます。

2　日なたの地面は日光によってあたためら
れているため，日かげの地面よりも温度が高
く，かわいています。地面の温度は，午前よ
りも太陽が高くなる正午のほうが高くなりま
す。

3　かがみの向きをかえると，日光がはね返
される向きもかわります。また，かがみでは
ね返された光はまっすぐに進みます。
　かがみではね返した日光を，人の顔に当て
てはいけません。

4　かがみの数をふやすと，かがみではね返
した日光を当てたかべは，より明るく，温度
が高くなります。

5　虫めがねで日光を集めたとき，集めたと
ころを小さくするほど，明るく，あたたかく

（あつく）なります。

　虫めがねで集めた光を，人や服に当ててはいけません。また，ぜったいに虫めがねで太陽を見てはいけません。

6 **電気の通り道，ものの重さ** 113~114ページ

1 ア○　　イ×　　ウ×
　　エ×　　オ○　　カ×
2 ア○　　イ×　　ウ○
　　エ○　　オ×　　カ×
　　キ○　　ク×
3 ①⑦100g　　④100g
　　　　⑦100g
　　②かわらない，かわらないに○
4 ①重いおもり…金ぞく（鉄）
　　　軽いおもり…発ぽうスチロール
　　②ちがう。

アドバイス **1** 豆電球をねじこんだソケットから出ている2本のどう線が，かん電池の＋きょくと－きょくにきちんとつないであれば，豆電球に明かりがつきます。どう線の表面は電気を通さないビニルでおおわれているので，どう線の中の金ぞくが＋きょく，－きょくにふれていなければ電気は通りません。
　明かりがつくときは，かん電池の＋きょく，どう線，豆電球，どう線，かん電池の－きょくが，ひとつのわになっています。
2 どう，鉄，アルミニウムなどの金ぞくは電気を通しますが，オのように金ぞくにとりょうがぬってあるときは，その部分は電気を通しません。紙，木，プラスチック，ガラスなどは電気を通しません。
3 ものの重さは，形をかえても，もとの重さと同じになります。また，いくつかに分けても，全部集めればもとの重さと同じになります。
4 もののしゅるいがちがうと，同じ体積でも重さはちがいます。

7 **じしゃくのせいしつ** 115~116ページ

1 ア○　　　イ×　　　ウ×
　　エ○　　　オ×　　　カ○
　　キ×　　　ク×
2 引きつける，弱くなる，かわるに○
3 ①引き合う…ウ，エ
　　　しりぞけ合う…ア，イ
　　②しりぞけ合い，引き合うに○
4 ①鉄くぎがじしゃくになったから。
　　②さ鉄

アドバイス **1** 金ぞくでも，じしゃくにつくものとつかないものがあります。鉄はじしゃくにつきますが，アルミニウムやどうはじしゃくにつきません。プラスチックや木，紙，ゴムなどはじしゃくにつきません。
　じしゃくの力はじしゃくと鉄の間にじしゃくにつかないものがあってもはたらきます。エのように鉄にとりょうがぬられていても，鉄はじしゃくに引きつけられます。
2 じしゃくは，はなれていても鉄を引きつけますが，じしゃくと鉄とのきょりがかわると，引きつける力の大きさはかわります。じしゃくと鉄とのきょりが長くなると，じしゃくが鉄を引きつける力は弱くなります。
3 じしゃくのちがうきょく（NきょくとSきょく）を近づけると引き合います。同じきょく（NきょくとNきょく，SきょくとSきょく）を近づけるとしりぞけ合います。
4 じしゃくのきょくの部分に鉄くぎなどをつけておくと，鉄くぎはじしゃくになります。さ鉄やゼムクリップ（鉄）を近づけると，鉄くぎがじしゃくになったことをたしかめることができます。